Eliana Moreira

Acelera Pólis

Guia prático para desenvolvimento econômico e social

Dados Internacionais de Catalogação na Publicação (CIP)
(Claudia Santos Costa – CRB 8ª/9050)

Moreira, Eliana
    Acelera pólis: guia prático para desenvolvimento econômico e
social / Eliana Moreira. São Paulo: Editora Senac São Paulo, 2025.

    Bibliografia
    ISBN 978-85-396-4687-6 (impresso/2025)
    e-ISBN 978-85-396-4685-2 (ePub/2024)
    e-ISBN 978-85-396-4686-9 (PDF/2024)

    1. Administração pública.   2. Sustentabilidade econômica.
3. Captação de recursos.   4. Planejamento estratégico.
5. Comunicação institucional.   I. Título.

25-2405c   CDD – 352
                                                           338.9
                                              BISAC POL024000
                                                    BUS072000

Índices para catálogo sistemático:
1. Administração pública   352
2. Desenvolvimento econômico   338.9

Eliana Moreira

Acelera Pólis

Guia prático para
desenvolvimento
econômico e social

Editora Senac São Paulo – São Paulo – 2025

ADMINISTRAÇÃO REGIONAL DO SENAC NO ESTADO DE SÃO PAULO
Presidente do Conselho Regional: Abram Szajman
Diretor do Departamento Regional: Luiz Francisco de A. Salgado
Superintendente Universitário e de Desenvolvimento: Luiz Carlos Dourado

Editora Senac São Paulo
Conselho Editorial: Luiz Francisco de A. Salgado
Luiz Carlos Dourado
Darcio Sayad Maia
Lucila Mara Sbrana Sciotti
Luís Américo Tousi Botelho

Gerente/Publisher: Luís Américo Tousi Botelho
Coordenação Editorial: Verônica Marques Pirani
Prospecção: Andreza Fernandes dos Passos de Paula, Dolores Crisci Manzano, Paloma Marques Santos
Administrativo: Marina P. Alves
Comercial: Aldair Novais Pereira
Comunicação e Eventos: Tania Mayumi Doyama Natal

Edição e Preparação de Texto: Lucia Sakurai
Coordenação de Revisão de Texto: Marcelo Nardeli
Revisão de Texto: Alexandre Napoli, Silvana Gouvea
Coordenação de Arte: Antonio Carlos De Angelis
Capa: Leonardo Miyahara
Projeto Gráfico e Editoração Eletrônica: Veridiana Freitas
Produção do ePub: Daniele Lippert dos Santos
Imagens: Adobe Stock Photos
Impressão e Acabamento: Piffer Print

Proibida a reprodução sem autorização expressa.
Todos os direitos desta edição reservados à
EDITORA SENAC SÃO PAULO
Av. Engenheiro Eusébio Stevaux, 823 – Prédio Editora
Jurubatuba – CEP 04696-000 – São Paulo – SP
Tel. (11) 2187-4450
editora@sp.senac.br
https://www.editorasenacsp.com.br

© Editora Senac São Paulo, 2025

SUMÁRIO

7 NOTA DO EDITOR

9 PREFÁCIO

13 AGRADECIMENTOS

15 APRESENTAÇÃO

1º MÓDULO

21 A MINA DE OURO DO MUNICÍPIO

22 Inventário e mapeamento

31 Diagnóstico

36 Prognóstico

38 Diretrizes

40 Programas e projetos

46 Capacitação contínua

50 Comunicação assertiva

52 Diplomacia e gestão de equipe

2º MÓDULO

65 IR AO CAMPO DE BATALHA

66 Agenda 1: visitando as empresas locais

70 Agenda 2: visitando as associações e os parceiros

71 Agenda 3: visitando os contadores e o Sebrae

3º MÓDULO

77 A ARTE DE FECHAR NEGÓCIOS

77 Primeiro atendimento: conhecendo as necessidades do cliente

81 Segundo atendimento: conhecendo as áreas com o cliente

83 Acompanhando a negociação

90 Transformando o "não" em "sim"

93 Protocolo de intenção da empresa

95 Negociação de áreas públicas

4º MÓDULO

101 DIVULGAÇÃO E PROSPECÇÃO 2.0

102 Cuide de perto da sua comunicação assertiva: faça barulho

106 Comunicação assertiva nos encontros empresariais

119 Comunicação assertiva no vídeo institucional

127 REFERÊNCIAS

NOTA DO EDITOR

Quando o prefeito de uma cidade assume o cargo, seu programa de governo precisa contemplar políticas em todas as áreas: educação, saúde, segurança, transporte, saneamento básico, entre outras. Este livro destaca que, entre tantas questões fundamentais, é importante lançar um olhar especial para o programa de desenvolvimento econômico (PDE) da cidade, e mostra como uma visão empreendedora da prefeitura pode contribuir para o crescimento geral do município.

O livro apresenta o método Acelera Pólis, criado pela autora para ser um guia prático para o desenvolvimento econômico e social. Em linguagem acessível, Eliana mostra que atrair empresas para um município demanda destreza não apenas no âmbito da administração, mas também das relações interpessoais, enfatizando a importância de agir com diplomacia, praticar a empatia e utilizar de comunicação assertiva no tratamento com as pessoas no dia a dia do trabalho.

Esses conceitos e técnicas contam com relatos da experiência profissional e de vida da autora, que não apenas alerta sobre as dificuldades que poderão surgir em sua trajetória, mas também ensina a contornar as adversidades com proatividade e persistência, a fim de alcançar os objetivos de modo mais rápido, simples e eficiente. A obra traz ainda exemplos e modelos de listas, quadros, cronogramas de encontros empresariais e até de textos de convites e mensagens para que você possa se comunicar de forma eficaz com seu cliente.

Com esta obra, o Senac São Paulo tem por objetivo contribuir para que gestores de desenvolvimento econômico, secretários e prefeitos possam aprimorar suas estratégias para trazer novas empresas para suas cidades e apoiar as já existentes, movimentar o mercado e promover crescimento na economia e para a sociedade.

PREFÁCIO

Alexandre Martins
Gerente do Escritório Regional do Sebrae Sorocaba

Você certamente tem no coração o desejo de contribuir para o desenvolvimento da sua cidade e proporcionar uma vida melhor para as pessoas que nela vivem. Saiba que está no lugar certo: neste livro, você terá acesso a um método revolucionário com base em relatos e subsídios importantes para a solução de problemas, e aprenderá a lidar com pessoas de forma a conectar-se com elas por um propósito maior.

A jornada profissional de nossa autora é repleta de passagens-chave que moldaram a sua personalidade e a sua forma de agir. A formação acadêmica associada à prática da gestão pública foi essencial para a construção e o desenvolvimento da metodologia Acelera Pólis, que é um sucesso e tem ajudado muitos municípios, tendo gerado empregos para mais de 10 mil pessoas desde a sua implantação.

As pessoas escolhem as cidades para viver com base em quesitos como trabalho, educação dos filhos, negócios, investimentos, entre outros. Precisam de oportunidades, e é disso que trata o método: atrair empresas a fim de gerar emprego, renda e aumento de arrecadação para as cidades. Parece algo simples, mas não é: muitas cidades brasileiras têm dificuldades em criar oportunidades para a população.

Neste livro, Eliana nos entrega um método de trabalho testado e aprovado, que ajudará tanto no seu desenvolvimento pessoal como profissional. Caso você seja gestor municipal e queira atrair empresas para seu município e transformar a realidade de sua cidade, é mandatório aplicar as estratégias apresentadas neste livro.

Essa jornada será fantástica! Descobrir que toda cidade tem uma "mina de ouro", além de ser fundamental para atrair novas empresas, será disruptivo para a sua carreira e para o futuro do seu município. Haverá obstáculos, mas a autora ajudará a vencê-los. Uma de suas orientações mais importantes para ter acesso a essa "mina de ouro" é construir equipes internas e externas e "ir ao campo de batalha", utilizando-se de comunicação assertiva para obter resultados efetivos. Por fim, chegará a hora de aprender a "fazer barulho", ou seja, trabalhar a divulgação para a prospecção de novas empresas.

Eliana nos encanta de uma forma leve e agregadora com a qual nos inspira a crescer e buscar sempre o melhor para todos. Em inúmeras passagens do livro é possível perceber que ela está sempre focada no próximo: as equipes das secretarias, os empresários, a população das cidades.

Agora chegou a sua vez de se encantar e conhecer uma pessoa maravilhosa, com um coração maior que o mundo!

Uma ótima jornada! Sucesso!

AGRADECIMENTOS

Agradeço ao meu querido esposo Elias, grande companheiro de vida, que sempre me apoiou, principalmente na retomada de meus estudos depois de adulta, além de ter uma participação especial na organização deste livro.

Ao meu grande amigo Douglas da Silva, empresário, facilitador do curso Empretec do Sebrae, que ao me conhecer no período em que eu concluía a faculdade de administração de empresas, aos 40 anos, acreditou em meu potencial e indicou-me para ser facilitadora do Projeto Empreender e, posteriormente, indicou meu trabalho para o prefeito de Capela do Alto (SP), onde pude comprovar que meu método de atração de empresas dá certo.

Agradeço também imensamente a Juvenil Cirelli, que me convidou para trabalhar com ele quando atuava como vice-prefeito e secretário de desenvolvimento econômico em Salto (SP), em abril de 2009, no que foi minha primeira oportunidade de atuar na gestão pública. Posteriormente, quando foi eleito prefeito da mesma cidade, em 2012, Juvenil me convidou para fazer parte da sua equipe de gestão, quando assumi a pasta da Secretaria Municipal de Desenvolvimento Econômico.

APRESENTAÇÃO

Chegou o momento de dar um salto em sua vida profissional como gestor ou agente de desenvolvimento econômico. Apresento-lhe o método Acelera Pólis, um guia prático de desenvolvimento econômico com foco na atração de empresas. A palavra *pólis*, em grego, quer dizer cidade. A ela acrescentei a palavra *acelera*, que é a grande característica do meu trabalho: acelerar o desenvolvimento das cidades. O livro está dividido em quatro módulos: "A mina de ouro do município", "Ir ao campo de batalha", "A arte de fechar negócios" e "Divulgação e prospecção 2.0".

No primeiro módulo, "A mina de ouro do município", você descobrirá o caminho para criar um programa de desenvolvimento econômico (PDE). Você vai aprender a fazer o mapeamento do município e, a partir das informações levantadas, realizar o diagnóstico e o prognóstico, o que vai permitir elaborar as diretrizes e os projetos que irão compor o PDE. Além disso, serão apresentadas técnicas de comunicação assertiva e de gestão de pessoas, o que denomino diplomacia na gestão de equipe. Esses passos levarão você à "mina de ouro" do município.

O segundo módulo, "Ir ao campo de batalha", vai mostrar como utilizar os dados levantados no primeiro módulo nas visitas aos agentes de desenvolvimento econômico – imobiliárias, empresas locais, escolas de formação técnica, distritos industriais, áreas privadas e públicas –, fazendo o que a academia chama de "pesquisa de campo". Nesse módulo serão apresentadas as particularidades e os desafios que todo gestor de desenvolvimento econômico enfrentará para ter sucesso na atração de empresas.

No terceiro módulo, "A arte de fechar negócios", você vai encontrar modelos de *releases*, quadros e tabelas que vão orientá-lo desde as perguntas a serem feitas durante as visitas às empresas até as dicas de como montar um banco de dados. Além disso, você vai aprender várias técnicas de negociação e prospecção de empresas.

O quarto módulo, "Divulgação e prospecção 2.0", faz uma analogia com o marketing ao abordar a missão que o prefeito e o secretário de desenvolvimento econômico têm de "vender a cidade", ou seja, deixá-la atrativa para os investidores. Você ainda aprenderá a "fazer barulho", isto é, caprichar na divulgação de sua cidade como opção para a vinda de empresas; organizar encontros empresariais; e criar um vídeo institucional.

Este livro é um guia para a aplicação do método Acelera Pólis, por meio do qual você aprenderá a atrair empresas para o seu município e, com isso, gerar mais emprego, renda, aumentar a arrecadação e promover o desenvolvimento da economia local.

Venha comigo, caro leitor! Mãos à obra!

1º MÓDULO

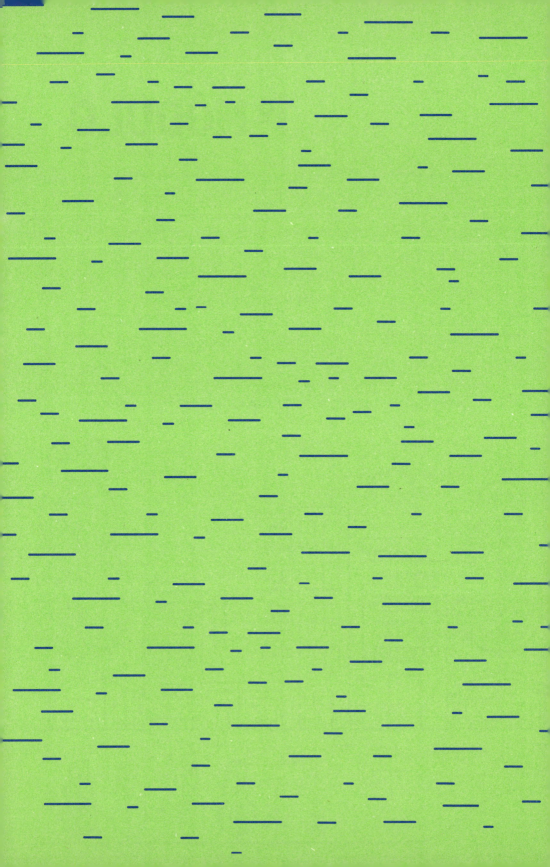

1º MÓDULO

2º MÓDULO

3º MÓDULO

4º MÓDULO

A MINA DE OURO DO MUNICÍPIO

O mundo está cheio de más notícias. O ser humano parece se interessar mais por desgraças do que por boas novas. Apesar disso, você acaba de mostrar que está no rol dos pensadores, daqueles que têm a visão do todo e são proativos. Você pertence a um seleto grupo da população: o grupo dos pensadores e empreendedores. Você é VIP, *very important person*, como se diz em inglês. Uma pessoa muito especial!

O objetivo deste livro é ajudá-lo a traçar um caminho seguro na elaboração e implantação do programa de desenvolvimento econômico (PDE) em seu município, com foco na atração de empresas e na promoção de melhoria na qualidade de vida da população.

Na gestão pública, e mesmo na sociedade, existem pessoas que têm medo do desconhecido ou que não querem enfrentar os desafios e tentarão fazê-lo desistir do objetivo de buscar meios de fazer a máquina pública andar e beneficiar a população de sua cidade. Desse modo, uma dica: foque em apreender o método Acelera Pólis, aplique-o e conte a todos quando tiver os primeiros resultados. Já estamos prontos para o primeiro passo. Vamos começar?

INVENTÁRIO E MAPEAMENTO

A partir deste momento, vamos trilhar um caminho seguro. Cada passo deste método foi planejado detalhadamente e pensado de forma a facilitar a sua jornada. Mesmo que você sinta vontade de pular etapas ou de fazer de outro jeito (porque ouviu alguém dizer na internet que há um modo mais fácil, que é possível fazer conforme os problemas vão aparecendo), não caia em tentação! Com este livro você aprenderá a implantar a política de desenvolvimento por um caminho mais curto, independentemente da estrutura política do município.

Caso o município já tenha uma Secretaria de Desenvolvimento Econômico, este método vai permitir alavancar, de forma segura, o programa de governo para essa pasta, obtendo, assim, resultados melhores e de forma mais rápida. Se o município não tiver um departamento de desenvolvimento econômico, o método será um guia para orientar, desde o início, o processo de implantação da política de desenvolvimento. O método Acelera Pólis é eficaz, eficiente e traz grandes oportunidades para gerar novos empregos para a população, bem como a certeza do aumento de arrecadação no município.

1º MÓDULO

2º MÓDULO

3º MÓDULO

4º MÓDULO

Em primeiro lugar, é importante ter em mãos o plano de ação para atrair novas empresas. Essa é uma condição *sine qua non* (indispensável) que facilita muito o trabalho do gestor de desenvolvimento econômico. A intenção de ter novas empresas investindo no município deve estar prevista no plano de governo (aquele que deve ser registrado em cartório) e, ao mesmo tempo, ser apresentada para o eleitorado, para a população em geral.

É fundamental essa intenção. Existem planos de governo muito bons, bastante complexos, em cujas construções são incluídas centenas de instruções e propostas detalhadas, uma engenharia com rigor científico, mas que acabam deixando escapar um detalhe muito importante: a atração de novas empresas. Se você não incluiu a atração de empresas no seu plano de governo, acalme-se! Não é um problema difícil de resolver. Se você está com o prefeito (ou caso seja você o próprio), pode incluir a atração de empresas no planejamento, durante a elaboração do plano de ação da sua gestão.

O fato de a maioria das pequenas cidades não possuir um departamento de desenvolvimento econômico reforça ainda mais a necessidade de inclusão dessa política nos planos de governo, o que dará pelo menos a legitimidade de indicar um espaço no qual você poderá pensar o plano de desenvolvimento de sua cidade e começar a implantá-lo. O importante é que o prefeito e mais alguém – o seu assessor, por exemplo – tenham a intenção de implantar o programa.

O segundo passo importante para o gestor de desenvolvimento econômico do município é o mapeamento. O inventário e o mapeamento têm a função de fornecer as informações por meio das quais será descoberta a vocação do município. Algumas cidades já possuem banco de dados e estudos prévios. Se for o caso, ótimo! Bastará tomar ciência dessas informações para orientar o seu trabalho. Caso contrário, esse levantamento deverá ser feito pessoalmente ou por um profissional indicado. Por meio desse mapeamento é possível identificar as empresas que já existem na cidade e determinar a atividade econômica principal do município até o momento (industrial, comercial, prestação de serviços, etc.). Quais ramos da indústria estão presentes? Metalurgia? Química? Vestuário? Agroindústria?

Mais adiante abordaremos a fundo a importância do registro e da documentação de todas as ações realizadas, mas podemos adiantar que é fundamental montar uma planilha ou um documento e ir registrando todas as informações e ações dessa fase, formando um banco de dados que facilitará o trabalho prático nas reuniões de trabalho e na divulgação do PDE. Não se esqueça de anotar na agenda ou de fazer uma lista com os elementos do mapeamento a ser realizado.

A seguir, apresentaremos os elementos centrais para a realização do inventário e do mapeamento, as funções de cada um e onde poderão ser encontradas as informações necessárias para o cumprimento dessa tarefa.

CONHECER O PLANO DIRETOR DO MUNICÍPIO

É fundamental conhecer o Plano Diretor, pois nele constará a localização do zoneamento industrial do município (se houver), item obrigatório para cidades a partir de 20 mil habitantes. Se o Plano Diretor for muito antigo, como é o caso de muitas cidades, torna-se ainda mais necessário conhecê-lo para solicitar a sua atualização e todas as alterações necessárias à implantação da política de desenvolvimento econômico. O gestor pode sugerir o zoneamento industrial quando não houver. O Plano Diretor pode ser encontrado no setor jurídico da administração da prefeitura, porém, quando muda a gestão, fica mais difícil localizá-lo. Nesse caso, será necessário procurá-lo na Câmara Municipal.

Reforçando a importância do prefeito nesse processo, é claro que ele precisa pensar em todas as áreas: educação, saúde, assistência social, transporte, obras, saneamento básico, segurança, entre outras; mas, ao implantar seu programa de governo, ele deverá dar atenção especial ao desenvolvimento econômico. Todas as políticas são fundamentais, mas é preciso ter esse olhar especial para o PDE. Um prefeito empreendedor perceberá que a Secretaria de Desenvolvimento Econômico contribuirá com todas as demais ao trazer novas opções para aumentar a arrecadação do município. Ao colocar como prioridade a política de desenvolvimento econômico, o município só tem a ganhar.

VERIFICAR SE HÁ LEIS DE INCENTIVO PARA AS NOVAS EMPRESAS

Uma vez estudado o Plano Diretor, verificar se há leis de incentivo para as novas empresas ou para as que desejam ampliar investimentos no município. Geralmente, o município pode oferecer benefícios em relação a imposto predial e territorial urbano (IPTU), imposto sobre a transmissão de bens móveis (ITBI), taxas de licença e fiscalização, imposto sobre serviços de qualquer natureza (ISSQN) e serviços de construção. No que diz respeito às leis de incentivo, há três situações possíveis: a lei existe e está desatualizada; a lei não existe; ou a lei existe e está perfeita. Neste ponto da investigação, isso é tudo que se precisa saber, visto que se trata do inventário (ou mapeamento).

VERIFICAR SE HÁ LOTEAMENTOS INDUSTRIAIS PÚBLICOS E PRIVADOS

É importante verificar se já existem loteamentos industriais públicos ou privados, quantos existem, qual é a área total, em quantos lotes estão divididos, qual é a metragem, o preço do metro quadrado, a localização, se têm infraestrutura, entre outros dados. É possível conseguir essas informações no setor de engenharia da prefeitura. No entanto, uma forma mais segura e assertiva de buscá-las é junto ao setor imobiliário da cidade. Em uma reunião com esse setor é possível obter informações para o mapeamento dos loteamentos industriais e, ao mesmo tempo, fazer uma primeira aproximação com um importante setor no processo de implantação do programa de desenvolvimento.

Verificar também se há loteamentos industriais públicos, visto que boa parte dos municípios possui essas áreas. As cidades costumam ter leis de doação de terrenos como forma de atrair empresas, porém, muitas vezes, as empresas não cumprem as contrapartidas previstas nos editais. Nesses casos, poderá ocorrer o processo de retomada dos terrenos ou a cobrança de contrapartidas. Reunir informações sobre os loteamentos públicos e registrá-las é uma boa prática para ir alimentando o banco de dados.

Certa vez, em Capela do Alto (SP), uma publicação de notícia falsa (*fake news*) sobre nosso programa de atração de empresas circulou entre membros da oposição. Nesse vídeo, publicado nas redes sociais, o locutor mostrava um terreno vazio e dizia: "Vejam a empresa que veio para a cidade!" Depois, apresentava outros terrenos onde, segundo ele, nós afirmávamos que existiam empresas. Tenho o hábito de organizar planilhas, nas quais vou registrando

1º MÓDULO

2º MÓDULO

3º MÓDULO

4º MÓDULO

todos os dados importantes para o meu trabalho. Fiz uma consulta e vi que os terrenos do distrito industrial em questão estavam vazios por duas razões: as empresas haviam sido desclassificadas por não terem cumprido os prazos previstos em lei ou por terem desistido de participar da licitação; as empresas estavam providenciando as licenças e contratando os serviços para iniciar a construção. Veja como é importante registrar todas as informações.

VERIFICAR SE HÁ TERRAS DISPONÍVEIS PARA TRANSFORMAÇÃO EM LOTEAMENTOS INDUSTRIAIS PÚBLICOS OU PRIVADOS

Conhecer as terras disponíveis – tanto loteamentos já prontos quanto áreas industriais a serem ampliadas – ou com potencial para a criação de loteamentos industriais é outra ação muito importante para o inventário. É necessário verificar o tamanho da área, o preço do metro quadrado, quem são os proprietários e se têm interesse em vender as terras, a proximidade e as condições das vias de acesso, entre outras informações. Novamente, o setor imobiliário poderá ajudar muito nesse processo.

Quando estive na Secretaria de Desenvolvimento de Salto (SP), não havia nenhuma área pública disponível para doação, nem se pensava nessa possibilidade. Foi buscando resolver esse impasse que procurei o setor imobiliário e os proprietários das terras, e descobri o mapeamento das áreas por meio de georreferenciamento.

VERIFICAR SE HÁ GALPÕES INDUSTRIAIS
PARA VENDER OU ALUGAR

Seguindo o mapeamento e inventário, verificar a existência de galpões industriais para venda ou aluguel. Muitos investidores se especializam nessa modalidade de construção. Essas informações são importantes porque, assim que for iniciado o processo de prospecção de empresas, certamente algumas delas desejarão começar as operações imediatamente. Para esses casos, a existência dos galpões é indispensável, assim como ter em mãos todas as informações sobre preços, dimensões, localização e consulta ao setor.

VERIFICAR A REDE DE ESTRADAS
PARA ESCOAMENTO DA PRODUÇÃO

Mapear toda a rede de estradas do município é uma tarefa fundamental para o sucesso da pasta. É necessário verificar as condições das vias de acesso, rodovias que passam pelo município e vicinais; se há necessidade de investimento para reparo ou manutenção, visto que essas estradas são fundamentais para o escoamento da produção e para o transporte de matérias-primas, máquinas e equipamentos, materiais de construção, autopeças, itens de vestuário, alimentação, entre outros, para o abastecimento da cidade. Ao impulsionar a economia do município, será necessário um sistema viário em condições adequadas para acompanhar os seus desdobramentos.

1º MÓDULO

2º MÓDULO

3º MÓDULO

4º MÓDULO

VERIFICAR A QUANTIDADE E A QUALIDADE
DA MÃO DE OBRA NO MUNICÍPIO

Uma vez mapeadas a estrutura e a infraestrutura necessárias para a atração de empresas, vamos pensar na mão de obra. Se a cidade é de médio a grande porte e possui parques industriais consolidados, será fácil conseguir as informações necessárias com as entidades de classe: sindicatos de trabalhadores e associações de empresários (dos setores comercial, industrial e agrícola). Caso a cidade seja pequena, as informações poderão ser reunidas por meio de pesquisas nas escolas ou pelas redes sociais. Normalmente, os jovens das cidades menores estudam e trabalham fora do município. Essas informações são importantes, pois a primeira dúvida dos empresários que desejam investir no município será sobre a existência de mão de obra capacitada. Cidades que não tenham indústrias, por exemplo, precisarão preparar a mão de obra para recebê-las. Apresentaremos soluções possíveis mais à frente, por isso é importante o registro.

LEVANTAR OS DADOS ECONÔMICOS DA CIDADE
(POPULAÇÃO, RENDA PER CAPITA, PRINCIPAIS
ATIVIDADES ECONÔMICAS, NÚMERO DE
EMPRESAS, ARRECADAÇÃO MUNICIPAL)

Dados como população total, população economicamente ativa (PEA), renda per capita, grau de escolaridade, segurança, principais atividades econômicas, número de empresas e arrecadação municipal são fundamentais. O site IBGE – Cidades (IBGE, [s. d.]) é uma opção para encontrar esses dados. Além disso, é possível encontrar o número de empresas do município no setor de tributos. O servidor em questão vai indicar qual setor da economia da cidade é responsável pela maior parte da arrecadação.

Com esse índice é possível determinar a atividade econômica predominante. Digamos que seja a agricultura: nesse caso, o passo seguinte é procurar a casa da agricultura e fazer uma visita, pois eles certamente terão informações importantes para o inventário. Depois, basta fazer o mesmo com as demais associações da indústria, do comércio e do turismo, caso sejam setores consolidados no município. Em uma planilha, reunir informações sobre as três maiores empresas, o "carro-chefe" da economia da cidade e também sobre as demais atividades com potencial de desenvolvimento. Outras planilhas que deverão ser preenchidas com cuidado são as do setor imobiliário, das associações de classe, das companhias de energia, de água e esgoto, de telefonia fixa e móvel, do Sistema S (Senac, Senai, Sebrae, Sesi) e das escolas técnicas. Dados como números de telefone, e-mails e endereços devem ser compilados de modo que possam ser facilmente consultados quando necessário.

Ter o contato da gerência e dos diretores responsáveis por cada área é muito importante. Quando for necessário marcar uma reunião, enviar convites oficiais, indicar essas instituições para os empresários e funcionários especializados que virão para o município, essas informações facilitarão muito o trabalho do agente de desenvolvimento. Nesses contatos diretos com os gerentes do setor elétrico, de telefonia fixa e móvel, por exemplo, eles conhecerão o programa de desenvolvimento e, desse modo, poderão ajudar a dar celeridade ao programa de atração de empresas. Para mudar a potência de uma rede elétrica para uma maior e mais adequada às necessidades de um grande empreendimento; para implantar, fazer reparos ou adequações na rede de telefonia fixa ou internet; ou, ainda, para capacitar rapidamente a mão de obra, ter esses contatos diretos é imprescindível. Reunidas essas informações e estabelecido o contato a partir delas, será possível mobilizar uma "equipe externa" extremamente importante para o sucesso do PDE do município. Finalmente, o mapeamento e o inventário serão utilizados para a análise SWOT (FOFA, em português). Com ela, encontraremos as fortalezas e as fraquezas do município.

DIAGNÓSTICO

Vamos agora ao segundo passo da etapa de aplicação do método: o diagnóstico. As informações reunidas no mapeamento e inventário serão utilizadas a partir de agora, por isso a importância de não pular etapas.

Em uma consulta, se o médico receitar um remédio sem fazer perguntas ao paciente, auscultar seu coração, medir sua pressão arterial ou sequer pedir exames, o paciente certamente jogará a receita fora. O médico, nesse exemplo, não colheu nenhuma informação sobre as condições físicas e psicológicas do paciente, ou seja, não fez o diagnóstico.

Em um dicionário especializado ou em um manual de administração, encontraremos uma definição um pouco mais precisa da palavra "diagnóstico". Aqui, podemos defini-la como o ato de verificar o alinhamento estratégico de uma determinada organização com os recursos existentes, descobrindo seus pontos fortes e sua vulnerabilidade, sua capacidade de aproveitar as oportunidades, superar as dificuldades e aumentar a competitividade. Tenha essas informações em mãos para aprender a utilizar a ferramenta de diagnóstico.

O quadro 1 mostra uma importante ferramenta de administração, representada pela sigla em inglês SWOT (*strengths, weaknesses, opportunities, threats*) ou, em português, FOFA (forças, oportunidades, fraquezas, ameaças). Essa análise consiste em reunir as informações levantadas por blocos, ou seja, montar o diagnóstico. No nosso caso, o diagnóstico vai permitir verificar o potencial do município para atrair empresas e implantar o PDE. O objetivo é elaborar os planos para atacar as fraquezas e as ameaças ao PDE, visto que as fortalezas existentes já são uma realidade. Ao preencher a matriz, separando os dados reunidos de acordo com esses quatro critérios, não deixe nada de fora.

QUADRO 1 – MATRIZ FOFA

FATORES INTERNOS (CONTROLÁVEIS)		FATORES EXTERNOS (INCONTROLÁVEIS)
Pontos fortes	Forças	Oportunidades
Pontos fracos	Fraquezas	Ameaças

FONTE: ADAPTADO DE SEBRAE (2015).

Neste livro, algumas informações serão reunidas como uma espécie de guia para o trabalho, conforme a lista 1.

LISTA 1 – FORÇAS

Gestão com vontade de fazer
Associações consolidadas e engajadas
Estradas importantes
Apoio dos vereadores
Infraestrutura
[Continue preenchendo conforme informações da cidade]

1º MÓDULO

2º MÓDULO

3º MÓDULO

4º MÓDULO

A vontade política do prefeito, a consolidação e o engajamento das associações comerciais e industriais, e a disposição dos vereadores em apoiar o programa de desenvolvimento também entram como força, bem como as estradas que facilitam o escoamento da produção e o abastecimento da cidade.

Em Salto (SP), quando fiz essa análise, descobri que as rodovias Castello Branco, Bandeirantes, Anhanguera, Santos Dumont e do Açúcar podiam ser facilmente acessadas e se constituíam em fortalezas do município.

Se no mapeamento for verificado que a infraestrutura (água e esgoto, luz, telefonia, energia) de que a cidade dispõe é adequada, isso pode ser incluído como uma grande força para o programa de atração de empresas.

LISTA 2 – OPORTUNIDADES

Áreas disponíveis com preço atraente
Apoio do setor imobiliário
Parceiros
Loteamento industrial público
Loteamento industrial privado
[Continue preenchendo conforme informações da cidade]

Muitas vezes, encontramos áreas desertas, sem nenhuma infraestrutura, galpões abandonados e distritos industriais privados nos quais só existe o muro ou, às vezes, uma placa de "vende-se terreno industrial" e o telefone para contato. Vale a pena anotar como oportunidade. Pense que o cliente (a empresa que quer investir) pode gostar do preço dessas áreas, que os galpões podem ser rapidamente preparados e os distritos, por consequência, reativados. Está aí uma oportunidade de negócio. Inclusive, em um momento oportuno, é possível argumentar com os proprietários sobre as oportunidades de negócios que o programa de desenvolvimento trará; assim, eles tenderão a ser menos ambiciosos em relação aos preços na hora de negociar.

Um setor imobiliário com visão de futuro também é uma grande fortaleza. Além disso, muitas vezes, uma cidade com pouca ou nenhuma indústria tem preços muito mais acessíveis para as áreas a serem comercializadas. Por isso, aquilo que no início parecia uma desvantagem pode se converter num atrativo para o PDE. Nesse caso, o setor imobiliário pode também ser um grande parceiro, principalmente quando descobrir que o único interesse do prefeito e do agente de desenvolvimento econômico é a atração de empresas e o estímulo à economia do município. O trabalho deve ser fundamentado na ética, na lisura e no respeito ao dinheiro público, tendo a celeridade como diferencial.

LISTA 3 - FRAQUEZAS

Sem distrito industrial
Sem leis de incentivo
Sem infraestrutura
Cidade desconhecida
[Continue preenchendo conforme informações da cidade]

Não se deve empurrar as fraquezas para debaixo do tapete. É necessário escrever todas as que forem encontradas durante o inventário e o mapeamento. Quaisquer razões que as empresas possam ter para não investir no município devem ser relacionadas.

LISTA 4 - AMEAÇAS

Sem asfalto
Estrada em mau estado de conservação
Sem energia, água e esgoto adequados
Sem sistema adequado de internet e telefonia
Falta de mão de obra capacitada
[Continue preenchendo conforme informações da cidade]

Nesse caso, temos área industrial, loteamentos e distritos, mas falta asfalto, sistema de água e esgoto, energia (ou estes não são adequados), ou seja, falta um sistema adequado de serviços, além de mão de obra qualificada ou em quantidade suficiente. É preciso ter todas as fraquezas e ameaças registradas, pois assim a solução poderá ser planejada com antecedência. Para transformar fraquezas em forças, podemos, por exemplo, buscar o Investe São Paulo (InvestSP, [s. d.]) para fazer as leis de incentivo. O fundamental é ter o diagnóstico preciso do município. Para isso, basta fazer o mapeamento adequado e utilizar a matriz FOFA, conforme demonstrado. Vamos então ao terceiro passo dessa fase do método.

PROGNÓSTICO

Quem está na gestão pública certamente já trabalhou com as categorias apresentadas até aqui para encontrar o caminho para a "mina de ouro" de um município, pois elas são muito utilizadas no estudo ou na elaboração do planejamento estratégico. Neste livro, reunimos essas categorias dentro do plano geral para que funcionem como guias no processo de implantação do programa de desenvolvimento para atração de empresas. A execução é simples: detectadas as fraquezas e ameaças para o PDE, é hora de prever as soluções para cada uma delas, ou seja, fazer o prognóstico.

Não se trata de "chute", como um prognóstico de loterias, cujas variáveis são tantas que a previsão se torna praticamente impossível. Aqui, uma vez que se conhece todas as ameaças e fraquezas, é possível prever o desenvolvimento futuro, ou seja, a solução de cada uma delas. Por exemplo, se o loteamento localizado no distrito industrial tem vinte lotes de 1.000 m², podemos prever, no mínimo, a vinda de dez empresas. Se cada uma delas contribuir com a geração de vinte empregos, é prevista a geração de duzentos empregos no próximo período. O tamanho dos lotes indica o porte das empresas que poderão ser instaladas. Se faltam asfalto e instalações elétricas, o gestor pode prever uma forma de conseguir recursos para implantar esses benefícios. Ainda, caso o distrito tenha toda a infraestrutura necessária e haja empresários interessados em investir, mas não exista lei de incentivo, pode ser prevista a confecção da lei.

Vamos pensar no caso em que se tenha o distrito, a lei de incentivo, a prospecção das empresas esteja em andamento, mas as empresas precisem de cinquenta funcionários qualificados entre os duzentos que serão contratados, ou seja, a fraqueza está na falta de mão de obra. Muito bem, podemos prever a necessidade, contatar as entidades e mostrar a previsão de investimentos, as necessidades futuras e já estabelecer a parceria com os parceiros externos.

> Foi o que fiz em Capela do Alto (SP). Eu já tinha em mãos todas as informações sobre as áreas industriais e soube do interesse de uma grande empresa que precisaria de uma grande área próxima à rodovia. Já sabia que teríamos condições de atendê-la porque, antecipadamente, por meio do prognóstico, fui conversando com os proprietários, mostrando nosso PDE e as vantagens e benefícios que ele traria para a economia da cidade. Por isso a importância da participação de cada um desses agentes no processo.

Prever o futuro é o papel do diagnóstico. Isso posto, podemos passar para o próximo passo.

DIRETRIZES

No momento de elaborar as diretrizes, é sempre bom ter em mãos o plano de governo do município e todas as informações reunidas no inventário e mapeamento, organizadas com base na matriz FOFA, que permitiu fazer o diagnóstico e o prognóstico.

Percorridos esses três passos sem vacilar, o trabalho será muito fácil. Isso porque as diretrizes são as trilhas, as linhas mestras a serem percorridas para eliminar as fraquezas e ameaças ao PDE com foco na atração de empresas.

Marcondes (2018) traz uma definição simples e precisa para o termo "diretrizes":

> São orientações que definem e regulam um caminho a seguir para se estabelecer um plano, uma ação [...]. A política [que] norteia as ações da organização e serve como referência para o estabelecimento de normas e procedimentos.

O gestor de cada cidade seguirá esse caminho e montará suas próprias diretrizes, de acordo com as ameaças e fraquezas encontradas em seu município. A seguir, elaboramos uma lista de diretrizes comuns em municípios que optam pela política de desenvolvimento econômico com foco na atração de empresas:

1. Atualizar o Plano Diretor para incluir o zoneamento industrial;

2. Elaborar e encaminhar o projeto de lei de incentivo à Câmara Municipal;

3. Incentivar e apoiar a criação de um distrito industrial;

1º MÓDULO

2º MÓDULO

3º MÓDULO

4º MÓDULO

4. Implantar a infraestrutura necessária para a atração de empresas;

5. Capacitar a mão de obra local.

Para facilitar, o gestor deverá formular e ir respondendo às perguntas. O resultado será uma ou mais diretrizes para cada fraqueza ou ameaça encontradas. Por exemplo: "No meu município, existe zoneamento industrial?". Se a resposta for negativa, a diretriz será "Atualizar a diretriz 1 listada anteriormente". Se a resposta for "Não tenho Plano Diretor", a diretriz será "Elaborar e realizar o Plano Diretor". Muitas vezes, são necessárias várias diretrizes para enfrentar a mesma fraqueza.

Vamos analisar a diretriz número 5, que responde à pergunta: "Há mão de obra em quantidade e com a qualidade necessária para atender às empresas que desejam se instalar em meu município?". Se a resposta for: "Há mão de obra em quantidade, mas não com a qualidade necessária", a solução será a diretriz 5 listada.

A diretriz "Capacitar a mão de obra" exigirá outra: "Procurar as escolas de formação e verificar se elas oferecem o curso necessário". Digamos que uma grande metalúrgica e um grande supermercado precisam de soldadores e empilhadeiristas, respectivamente. Nesse caso, serão necessárias duas diretrizes para completar a primeira. Se for uma empresa de crédito, uma indústria química ou de alimentação, as necessidades de mão de obra serão distintas. "Capacitar a mão de obra" é a diretriz principal; e "Capacitar soldadores empilhadeiristas ou agentes financeiros", "Contatar as escolas de formação técnica", "Elaborar o banco de dados com a população interessada nos cursos" são as diretrizes secundárias.

O papel da diretriz, conforme visto, é ir eliminando as fraquezas. Por exemplo, vamos pensar no Sistema S, que está preparado para qualificar a mão de obra e orientar os empreendedores. O Senac capacita trabalhadores para o comércio e serviços; o Senai, para a indústria; o Sebrae, para micro e pequenas empresas; o Senar, para a agricultura. Ao contatar e agendar os cursos de qualificação, vale informar que seu município tem um PDE com foco na atração de empresas. Assim, ao combater uma fraqueza, estaremos simultaneamente mobilizando a equipe externa, o que é importante para o sucesso do programa.

PROGRAMAS E PROJETOS

Após colocar em prática os passos do método apresentado neste livro, é hora do momento decisivo, a descoberta da "mina de ouro" do município. O inventário/mapeamento, o diagnóstico, o prognóstico e as diretrizes, se realizados com o rigor recomendado, facilitarão esse último passo mais prático, que exige um trabalho mais detalhado. Em posse do caderno ou dos vários arquivos contendo textos e planilhas organizados até agora, será possível elaborar o programa e os projetos que farão parte do PDE com foco na atração de empresas. Esse passo é um ponto de chegada e também um ponto de partida, como se fosse um patamar de onde partirão saltos ainda maiores em direção ao objetivo.

Com as diretrizes organizadas no quarto passo e sem deixar nenhum item de fora, é importante ter muito claro o conceito de programas e projetos. Podemos definir programa como um conjunto de projetos organizados de forma integrada para gerar benefícios que não seriam possíveis se os projetos fossem executados aleatoriamente (PMI, 2017). Quanto à palavra "projeto", o

1º MÓDULO

2º MÓDULO

3º MÓDULO

4º MÓDULO

Guia PMBOK® a define como "um esforço temporário empreendido para criar um produto" (PMI, 2013, p. 3). Basicamente, um projeto é um planejamento detalhado no qual se prevê a execução de tudo que é necessário para alcançar um objetivo. Veja o quadro 2, que traz um roteiro de programa:

QUADRO 2 – EXEMPLO DE ROTEIRO DE PROGRAMA
PARA ELABORAR OS PROJETOS QUE VÃO COMPOR O
PDE DO MUNICÍPIO DE CAPELA DO ALTO (SP)

Nome do PDE	Invista em Capela do Alto
Foco	Atração de empresas
Objetivo do programa	Gerar emprego e renda, aquecer a economia local e aumentar a arrecadação do município
O que é necessário para atingir esse objetivo?	

É hora de tomar as diretrizes uma a uma e elaborar os projetos que vão compor o PDE com foco na atração de empresas. Para cada uma das diretrizes listadas a partir do modelo anterior, vamos elaborar um projeto e determinar como e por quem ele será executado.

Observando o quadro 3, a primeira coluna apresenta as diretrizes e a segunda coluna, os projetos. Conforme visto anteriormente, para cada diretriz deve ser elaborado um projeto para resolvê-la ou realizá-la. Nota-se que o preenchimento foi feito com projetos comuns, ditos universais, ou seja, que podem ser aplicados a todas as cidades. Além destes, é possível elaborar outros que sejam singulares ou particulares a cada município.

QUADRO 3 – PROGRAMA DE DESENVOLVIMENTO
ECONÔMICO: INVISTA EM [NOME DA CIDADE]

	DIRETRIZES	PROJETOS
1	Atualizar o Plano Diretor para incluir o zoneamento industrial.	Projeto de atualização do Plano Diretor para inclusão do zoneamento industrial.
2	Elaborar e encaminhar o projeto de lei de incentivo à Câmara Municipal.	Projeto de lei de incentivo para atração de empresas.
3	Incentivar e apoiar a criação de distrito industrial.	Projeto de criação de distrito industrial.
4	Realizar a infraestrutura necessária para atração de empresas.	Projeto de realização da infraestrutura necessária para atração de empresas.
5	Capacitar a mão de obra local.	Projeto de capacitação da mão de obra local.
6	Divulgar a cidade como opção de investimentos.	Projeto de divulgação da cidade como opção de investimentos.
7	[Continue preenchendo com as diretrizes particulares do municipio]	[Continue preenchendo com as diretrizes particulares do município]

No que se refere à segunda diretriz apresentada no quadro 3, "Elaborar e encaminhar o projeto de lei de incentivo à Câmara Municipal", será necessário pesquisar as leis de incentivo das cidades vizinhas, anotar o que elas oferecem, para então criar um projeto de lei que deixe seu município em condições de concorrer de igual para igual, ou ainda, incluir um diferencial. Percebe-se que, ao seguir a diretriz em questão, o caminho vai sendo trilhado de forma segura. A pergunta agora passa a ser "Quem fará o projeto?". Essa etapa deverá ficar a cargo do setor jurídico da prefeitura. É possível entregar um projeto preliminar com sugestões para análise do jurídico, porém, o protagonismo, nesse caso, será deles. Esse assunto será abordado mais adiante, no item sobre a diplomacia. A lei requer aprovação, portanto, já fica prevista uma conversa com os vereadores para apresentar o PDE e explicar a importância da aprovação da lei para estimular a economia local. Nessa reunião, é importante a presença do prefeito. Uma sugestão é reunir os vereadores da base política do prefeito, alinhar com eles e depois falar com os demais vereadores. Normalmente, a oposição não faz objeção a projetos de lei que visam a atração de empresas.

A justificativa para o projeto de lei é outra tarefa importante que cumpre um duplo papel: por um lado, toda lei necessita de uma justificativa; por outro, é um forte argumento de convencimento junto ao legislativo, visto que os incentivos vão contribuir para a geração de emprego e renda e para o aumento da arrecadação no município. Este último ponto é um ótimo argumento para o setor financeiro, que terá de avaliar o impacto dos incentivos na arrecadação e verificar se haverá renúncia de receita. Uma dica para evitar problemas com esse setor é sempre demonstrar o crescimento da arrecadação antes mesmo da instalação das empresas.

Uma vez aprovada a lei, passamos à fase de divulgação. Estabelecidos todos esses passos na construção do projeto orientado pela diretriz que foi determinada, temos antecipadamente todas as ações a serem realizadas e os responsáveis por levá-las a cabo.

Outro projeto importante é o da capacitação da mão de obra, que viabilizará a diretriz número 5 do quadro 3. Ao elaborar o projeto, são levantadas as demandas das empresas que estão manifestando interesse em investir no município e também das que já fizeram essa opção. Como a prospecção das empresas já está em andamento (com a lei de incentivo aprovada e a divulgação dos benefícios que o município oferece), cabe agora elaborar o projeto para capacitar a mão de obra local.

O próximo passo é convidar as empresas do Sistema S (Senac, Senai, Sebrae, Senar) e as escolas técnicas a participarem desse esforço oferecendo os cursos que constarão do projeto. Talvez você se pergunte: "Por que convidar o Sebrae, que apoia a micro e pequena empresa?". Com o aquecimento da economia local promovido pela chegada das empresas à cidade, vários serviços se tornarão necessários, como manutenção e reparo, alimentação e hospedagem, educação e moradia, portanto é fundamental que as pequenas empresas e os prestadores de serviço estejam preparados para atender a essa demanda. Nesse processo, muitos trabalhadores serão contratados como microempreendedores individuais (MEI) para fornecer nota fiscal aos contratantes e assim não perder oportunidades de negócio.

A diretriz número 3 do quadro 3, "Incentivar e apoiar a criação de distrito industrial", e a confecção do seu respectivo projeto exigirão, naturalmente, que o mapeamento seja consultado, pois é necessário saber se o distrito será criado em uma área pública, privada ou em ambas, havendo ações comuns e distintas para cada uma. Para isso, serão fundamentais as informações colhidas com o setor imobiliário, principalmente aquelas que dizem respeito ao preço e à metragem das áreas. Tudo está interligado: com o levantamento prévio, saberemos se há necessidade de providenciar a infraestrutura, se as vias de acesso estão em

1º MÓDULO

2º MÓDULO

3º MÓDULO

4º MÓDULO

boas condições, se os proprietários das áreas particulares estão dispostos a vendê-las, se a documentação está em dia. Caso contrário, com base no que foi apresentado até agora neste livro, espera-se que já tenha sido elaborada uma diretriz para cada fraqueza e para cada ameaça encontradas, e que estas diretrizes estejam sendo transformadas em projetos do PDE.

Quando cheguei a Capela do Alto (SP), diferentemente da cidade de Salto (SP), tudo estava por fazer. Gosto de citar a letra da canção *A casa*, de Toquinho e Vinicius de Moraes, como bordão: "Era uma casa muito engraçada, não tinha teto, não tinha nada". Depois de quatro anos, a cidade se transformou de um município com economia baseada unicamente na agricultura para uma cidade com um parque industrial em ascensão, o que estimulou o crescimento de toda a economia local, incluindo o agronegócio. Eu descobri a "mina de ouro" da cidade.

Elaborados os projetos de criação dos distritos industriais e da infraestrutura necessária ao seu funcionamento, temos um programa quase completo para mostrar aos investidores e aos agentes políticos e sociais do município. Com esses projetos, a lei de incentivo, a capacitação da mão de obra, a atualização do Plano Diretor e o zoneamento industrial elaborados e em marcha, está tudo pronto para a realização das diretrizes comuns apresentadas anteriormente, restando apenas a divulgação da cidade como opção de investimento, ou seja, o projeto de divulgação do PDE.

Já sabemos que para cada diretriz é necessário elaborar um projeto e determinar quem ou qual setor será responsável pela sua execução. Está claro que esse projeto compõe o PDE e que o planejamento fundamentado no mapeamento, diagnóstico e prognóstico dará a segurança necessária para implantar o programa. Conforme apresentado na análise do quadro 3, o programa somente estará completo após elaborarmos os projetos para as particularidades e singularidades do município e, finalmente, mostrarmos à região, ao estado e, quiçá, a todo o país que esse município está no rol das cidades preparadas para a atração de empresas.

Detalharemos a prospecção e a divulgação mais adiante, além do último ponto deste primeiro módulo, que é a comunicação assertiva. De todo modo, se você chegou até aqui cumprindo cada etapa sugerida, certamente tem um plano de ação para cada projeto do PDE; portanto, seu trabalho já é um sucesso.

CAPACITAÇÃO CONTÍNUA

Com o PDE pronto e os projetos se encaminhando para o objetivo principal – a atração de empresas a fim de gerar emprego e renda e aumentar a arrecadação do município –, a preocupação agora deve ser com a capacitação contínua. É necessário capacitar-se permanentemente, lendo este livro quantas vezes for necessário e buscando outras informações importantes para a perfeita execução do trabalho. A equipe da Secretaria de Desenvolvimento Econômico deve ser preparada para tirar as dúvidas dos empresários e trabalhadores. Os departamentos da prefeitura diretamente envolvidos no PDE também devem ser capacitados. Os setores de projetos, cadastro imobiliário, engenharia, desenvolvimento urbano, tributos, abertura de empresas e educação, que formam parte da chamada "equipe interna", devem ser capacitados e informados sobre o programa que está sendo implementado.

1º MÓDULO

2º MÓDULO

3º MÓDULO

4º MÓDULO

Um dos segredos do sucesso de todo gestor é, seguramente, a habilidade no trato com pessoas, o que significa reconhecer habilidades, respeitar limitações e, principalmente, delegar, confiar na capacidade dos membros da sua equipe em solucionar problemas.

Durante minha atuação profissional, seja no mundo corporativo, seja na gestão pública, sempre dediquei atenção especial à gestão de pessoas. Trata-se de lidar não apenas com aqueles que você lidera, mas também com seus superiores, secretários de outras pastas, chefes de departamentos, engenheiros responsáveis, advogados, funcionários administrativos, donos de empresas, usuários de repartições públicas em geral, enfim, cada pessoa que surge com uma tarefa ou um problema a ser resolvido.

Ao assumir a Secretaria de Desenvolvimento Econômico de Salto (SP), trazia a experiência de cerca de três anos no cargo de diretora da pasta e mais três no Projeto Empreender. Reunia, ao mesmo tempo, o conhecimento prático adquirido na vida e a formação acadêmica. Sabia que era importante coletar informações e montar um banco de dados que pudesse utilizar no atendimento aos empresários, jornalistas, vereadores e todos os membros da equipe de governo, inclusive o prefeito, ao qual eu deveria prestar contas e apresentar os resultados da implantação das diretrizes do programa de governo, ou seja, da política de desenvolvimento para nossa cidade.

O trabalho da minha equipe, para ser eficiente e eficaz, era não deixar nada parado. Precisávamos ir na contramão do que a sociedade e os próprios empresários pensavam e enfrentavam nas repartições públicas. Eles diziam que a lentidão e a morosidade deixavam parados por meses ou, às vezes, por anos processos de abertura de empresas, pedidos de licenciamento ambiental, alvarás, autos de vistoria dos bombeiros (AVCBs), etc. Por isso, uma das minhas primeiras ações foi visitar todas as secretarias e departamentos dos quais minha secretaria dependia ou precisava da cooperação.

Apresentei-me pessoalmente para os secretários, diretores, funcionários administrativos e comuniquei a importância que cada um deles teria no nosso programa de atendimento às empresas. Sabia que o sucesso do trabalho da minha equipe e meu próprio sucesso dependiam de nossa disposição e energia, planejamento e agilidade, mas que tudo isso não seria o bastante caso não tivéssemos o engajamento da equipe interna. Mobilizar a equipe interna foi fundamental para o sucesso da minha pasta.

Quando cheguei ao conceito de "equipe interna", que passei a utilizar neste método, eu ia de departamento em departamento mostrando a importância de cada um deles para o PDE com foco na atração de empresas. Depois, convidei os secretários e diretores para uma reunião na qual expliquei o programa e o papel de cada um, bem como sua importância para que tivéssemos sucesso e pudéssemos aumentar arrecadação, emprego e renda no município, o que seria bom para todos.

Uma história ilustra bem a importância da coesão na equipe interna. Diz-se que na época da corrida espacial entre Estados Unidos e União Soviética, o presidente dos Estados Unidos, John F. Kennedy, em uma visita à Nasa, encontrou um faxineiro e questionou o que ele fazia ali, ao que o faxineiro prontamente respondeu: "Senhor presidente, estou ajudando a colocar o homem na Lua". Ou seja, o faxineiro sabia exatamente o que acontecia e no que estava envolvido. Uma vez que o PDE esteja com todos os projetos em andamento para a realização, será necessário capacitar a equipe interna de tal sorte que todos se comportem como esse faxineiro da Nasa.

Do ponto de vista prático, é importante fazer uma reunião mensal, de preferência com a presença do prefeito, que deverá convocar todos os envolvidos. Nessa reunião será explicado o programa, tudo o que já foi feito e serão colhidas as demandas

1º MÓDULO

2º MÓDULO

3º MÓDULO

4º MÓDULO

e dúvidas que surgirem. À medida que a implantação do projeto for se tornando realidade e os problemas forem sendo corrigidos, todos serão informados dos avanços, enfatizando a importância do engajamento da equipe. O mesmo deve ser feito com a equipe externa.

Sempre que o assunto é atração de empresas para os municípios, faço questão de enfatizar que para o projeto ter sucesso é preciso que o prefeito queira. Tive a sorte de trabalhar com um prefeito que já tinha sido secretário de desenvolvimento econômico e que sabia da importância do engajamento do prefeito para o sucesso da pasta, de modo que comecei a agendar visitas às empresas locais, nas quais ele me acompanhava.

Durante as visitas, além de colher dados sobre faturamento, número de empregados e planos de investimentos futuros, ouvia as demandas dos empresários locais e me colocava à disposição para atendê-los em minha secretaria. Dizia que eu e o prefeito os atenderíamos pessoalmente e que a nossa gestão tinha como uma de suas grandes prioridades o desenvolvimento econômico. Fazia-os ver que a prefeitura estava com uma equipe preparada e motivada para fazer a diferença. Ressaltava, durante as visitas, que eles eram muito importantes para o sucesso de nossa gestão. A presença do prefeito era a confirmação não verbal daquilo que eu dizia.

Promovi reuniões e encontros com os setores imobiliário, da construção, hoteleiro, de alimentação, de energia, de comunicação; com escolas particulares e escritórios de contabilidade. Agendei visitas à associação comercial, aos sindicatos, à associação industrial, à Câmara dos Vereadores, enfim, às organizações políticas e da sociedade civil importantes para o sucesso do nosso trabalho. Mostrei a todos que a nossa gestão tinha um plano de desenvolvimento em marcha e que estávamos preparando a cidade para receber investimentos, pois, seguramente, eles procurariam esses serviços.

Sempre anotando todas as informações importantes, fui montando um banco de dados que utilizava no atendimento aos empresários e nos eventos públicos. Mais tarde, cheguei à conclusão de que o que fiz nessa fase foi mobilizar a equipe externa, ou seja, todos os agentes econômicos, sociais e políticos que desempenhariam o papel de fornecedores para as empresas interessadas em investir em nossa cidade.

Deverão ser convidados os representantes das associações do comércio e da indústria, do Sistema S, do setor imobiliário, das escolas privadas, redes de hotéis, restaurantes, entre outros. Todos devem ser capacitados para receber empresários, trabalhadores, atender às demandas de material de construção, de moradia e compra de áreas industriais ou residenciais que porventura surgirão. Vale apresentar o vídeo institucional e fazer os encontros oficiais, engajando assim as equipes interna e externa, de sorte que todos se sintam protagonistas no projeto de atração de empresas. O hábito de sempre informar cada nova conquista – a comunicação – é a chave para o sucesso. Isso posto, passaremos ao último item deste bloco: a comunicação assertiva.

COMUNICAÇÃO ASSERTIVA

De forma sucinta, a comunicação assertiva é aquela que passa a informação desejada de forma clara e precisa, sem margens para dúvidas. Nada de sobrecarregar o interlocutor com uma infinidade de palavras ou com os chamados "textões" nas redes sociais. Em se tratando da comunicação interna e externa, essa exigência é ainda maior. No processo de implantação do PDE, o

1º MÓDULO

2º MÓDULO

3º MÓDULO

4º MÓDULO

agente de desenvolvimento econômico deve ter em mãos todas as informações, reunir os departamentos envolvidos na realização desse objetivo, pedir ao prefeito que convoque uma reunião e explicar detalhadamente como, por que e o que será necessário para o programa de desenvolvimento. Para isso, é importante utilizar de diplomacia. Como? É o que veremos a seguir.

Vamos imaginar que você precise de um parecer do departamento jurídico da prefeitura para um processo de uma empresa que demande celeridade. Mesmo que tudo esteja bem encaminhado, não se pode contar com o pronto atendimento dessa solicitação, pois o setor jurídico (e cada departamento da prefeitura) tem milhões de atividades de sua própria pasta.

Será necessário utilizar de diplomacia e comunicação assertiva com as equipes interna e externa. Tudo o que puder ser feito para facilitar será positivo; por exemplo, levar o processo em mãos e pedir com gentileza a verificação ao gestor. Caso ele não possa analisá-lo naquele momento, perguntar educadamente quando poderá fazê-lo, a fim de demonstrar a importância daquele processo. Depois, tirar uma foto, elaborar um *release* mostrando como foi importante a participação do gestor e publicar nos boletins internos e no site da prefeitura, para que ele se sinta parte ativa do programa.

No tópico a seguir apresentaremos a importância da diplomacia na gestão da equipe da pasta, da interna ou da externa. Trata-se de um ponto importante deste método e central para todo gestor que pretende ter sucesso no trabalho. É um grande passo e um dos principais responsáveis pelo sucesso de um PDE. Sem diplomacia e uma gestão de pessoas equilibrada, são grandes as chances de se obter resultados indesejados.

DIPLOMACIA E GESTÃO DE EQUIPE

Para iniciar este assunto, lembre-se do enfoque que foi dado até o momento sobre a importância de reunir a equipe e depois todos os setores da prefeitura envolvidos no bom funcionamento da pasta de desenvolvimento econômico; da comunicação assertiva e da mobilização e do engajamento das equipes interna e externa para o sucesso da implantação do PDE.

Essas reuniões de trabalho são necessárias para o bom andamento do programa. Para fazer uma boa reunião, é necessário estar com tudo preparado: providenciar um projetor ou cópias impressas do roteiro de apresentação com o PDE para todos os presentes; e ter em mãos os projetos (você pode utilizar o quadro 2 para exemplificar, mostrando as diretrizes e os projetos em andamento aos setores diretamente envolvidos em sua realização, os quais foram convocados pelo prefeito para a reunião).

O segredo do sucesso deste método nas cidades em que foi aplicado reside em sua agilidade. Sabemos, porém, que no dia a dia é necessário lidar com a morosidade nos processos, e que vários fatores atrapalham a fluidez do trabalho. Então, o que fazer? Um conselho importante para o trabalho do agente de desenvolvimento econômico: ninguém faz nada sozinho. Chegou a hora de utilizar da diplomacia na gestão de equipes.

A diplomacia é essencial para o bom funcionamento da pasta de desenvolvimento econômico que pretende trabalhar na atração de novas empresas para o município. O descuido em relação a esse tema pode comprometer todo o trabalho, principalmente no que diz respeito à celeridade, qualidade muito valorizada pelos empresários que procuram o município para investir.

1º MÓDULO

2º MÓDULO

3º MÓDULO

4º MÓDULO

A diplomacia é a capacidade de solucionar conflitos de forma pacífica. Muitos diplomatas já evitaram ou interromperam guerras que provocariam milhares de mortes e a destruição de países inteiros. No ambiente de trabalho, a diplomacia, focada em cultivar a empatia, a solidariedade e o trabalho de equipe, resultará em estímulo e impulso à economia local, que certamente crescerá, trazendo benefícios para toda a população.

Assim que uma empresa decide se transferir oficialmente ou abrir uma nova unidade em uma cidade, começam os processos internos. Um contador dará entrada no sistema e tomará todas as providências necessárias de acordo com o protocolo de transferência de endereços. Tão logo a empresa tome posse do endereço, começa o trabalho interno nos departamentos da prefeitura. É aí que entra a diplomacia na relação com os departamentos.

Com diplomacia, o gestor público de desenvolvimento econômico será capaz de quebrar barreiras que podem dificultar a vinda de outras empresas para o município. O que pode ocasionar essa dificuldade? Após a tomada da decisão de transferir ou abrir uma nova unidade na cidade e da aquisição do terreno (ou quando já se dispõe do valor para investir), a empresa necessitará da liberação das licenças para poder operar. Pois bem, como dar agilidade a esses processos para que a empresa possa entrar o mais rápido possível em operação? Na verdade, ao dar celeridade ao primeiro processo, o trabalho para atrair novas empresas terá ganhado um grande aliado: o próprio empresário ou seu gerente/representante. Um empresário comenta com os outros em suas reuniões de negócios ou lazer a experiência positiva que teve com o gestor público, e a notícia vai se espalhando. Assim, vamos praticar a diplomacia!

Vamos começar com uma visita individual aos departamentos que estarão diretamente envolvidos no processo de atração de empresas (engenharia, cadastro mobiliário, desenvolvimento urbano, tributos, abertura de empresas, sala do empreendedor, etc.), com o processo de abertura da empresa (ou das empresas) em mãos, demonstrar a importância da participação do gestor em questão. Não chegar exigindo resultados urgentes, mas sempre perguntando sobre a sua disponibilidade de tempo.

O segredo é praticar a empatia e ser diplomático, ir à frente nessa conversa e, caso a secretaria seja grande, levar uma pessoa para acompanhar, como um diretor, para fazer a segunda conversa, já que se trata de uma conversa individual com os representantes de cada departamento. É importante se apresentar também para todos os funcionários do departamento e mostrar a importância deles, sempre com a autorização do responsável da pasta. No momento oportuno, é interessante apresentar os demais membros da equipe.

A depender da quantidade de serviços e do tamanho da prefeitura, o gestor de desenvolvimento econômico encontrará departamentos com excesso de trabalho que, muitas vezes, não terão um sistema tão ágil nem procedimentos adequados. Caso isso ocorra, a gestão que está sendo representada também pode pensar em ajudar todos os departamentos a melhorar os procedimentos internos. Porém, enquanto isso não ocorre, é preciso dar andamento aos processos; assim, é indispensável uma conversa individual com o responsável da pasta em questão.

Geralmente, o responsável da pasta estará bastante atarefado e talvez até demonstre indisponibilidade para atender ao que foi solicitado, mais uma entre tantas tarefas. É hora, novamente, de usar da diplomacia.

1º MÓDULO

2º MÓDULO

3º MÓDULO

4º MÓDULO

> Certa vez, precisei de orientação de um departamento que tinha muitas funções e trabalhava com uma equipe pequena. A pessoa responsável estava um pouco nervosa com tantas tarefas. Então, quando me viu chegar, imagino que tenha pensado: "Lá vem mais alguém para pedir coisas!". Quando começamos a conversar, ela me disse que não poderia me atender naquele momento. Respeitei, disse que não tinha problema e perguntei se poderia marcar um horário. Falei que precisava de sua ajuda e orientação. Isso foi bom, pois nesse primeiro contato eu não tinha marcado horário. É preciso respeitar o outro, ligar antes, marcar horário. Você pode dizer que precisa de trinta minutos para expor o que necessita. O segredo é explicar a sua necessidade e mostrar a importância da ajuda dessa pessoa.

Falamos de empatia, de se colocar no lugar do outro, o que tem seus próprios desafios. Se uma pessoa tem a meta de atrair novas empresas, a outra, que pode ajudar nessa tarefa, certamente tem alguma necessidade; assim, muitas vezes pode ocorrer uma troca. A falta de parceria pode prejudicar o alcance da meta. Se algum entrave no processo demorar muito para ser resolvido, a empresa pode até desistir de se estabelecer no município. Ao conversar com um colega de trabalho, é importante ouvir o que ele tem a dizer, deixá-lo falar. É preciso ter delicadeza, generosidade, diplomacia. Ninguém gosta de quem chega dando palpites onde não é chamado. Assim, aguardar, ouvir e esperar o momento certo é a melhor escolha. Nesse momento, vale ouvir mais e falar menos.

Se a conversa fluir, em outra oportunidade, exponha as suas necessidades e os desafios que enfrenta, entrando em sintonia com o colega. Ele provavelmente ouvirá empaticamente e se sentirá feliz em ajudar no que for preciso.

> Certa vez, o responsável pela pasta de uma das cidades onde atuei disse que foi bom eu ter ido conversar com ele, pois podem ocorrer muitos erros quando uma empresa dá entrada na aprovação do projeto. Às vezes, a empresa leva um engenheiro ou um arquiteto de fora, que não conhece as diretrizes de obras do local. O responsável pela pasta, então, prontificou-se a passar ao técnico todos os documentos que já tivessem. Além disso, garantiu que, quando estivesse com o projeto para dar entrada na aprovação (ou seja, a parte burocrática), marcaria um horário. Na época, esse secretário se colocou à disposição para ajudar, dizendo que tinha grande interesse em facilitar o processo de atração de empresas. Ele se adiantou e pediu que o engenheiro da empresa marcasse um encontro para fazer uma prévia, assim poderiam analisar e verificar a necessidade de alguma correção. Quando um processo caminha por vias normais dentro da prefeitura e ocorre algum erro ou falta algum documento, por exemplo, é emitido um parecer. Com isso, o processo volta para o fim da fila, o que causa demora. O responsável dispôs-se a fazer uma prévia e orientar o técnico para que ele corrigisse e só então desse entrada. Depois, ele destacaria alguém de sua equipe para cuidar pessoalmente do atendimento a essa empresa e priorizar a entrada de novas empresas.

Observe que ao usar a diplomacia, tratando pessoalmente dos primeiros processos, é possível obter resultados. É o trabalho em equipe que ajudará a trazer resultados positivos ao município. O ideal é que as empresas que chegarem à cidade não tenham dificuldades na aprovação, desde os pequenos até os grandes projetos. Muitas vezes, será necessário envolver até a Secretaria de Engenharia de Trânsito, caso seja preciso realizar alguma obra próximo à rodovia ou construir uma estrada, como uma pista de desaceleração, por exemplo. Nesses casos, as orientações da equipe de trânsito serão fundamentais.

1º MÓDULO

2º MÓDULO

3º MÓDULO

4º MÓDULO

Todos esses detalhes são importantes ao trazer uma empresa para a cidade. É necessário estar alinhado internamente com a equipe da prefeitura para dar agilidade ao processo. Haverá, porém, casos em que nenhuma diplomacia poderá ajudar e, excepcionalmente, será necessário recorrer ao prefeito. Esses casos deverão ser muito raros. Por fim, é sempre interessante fotografar essas visitas, fazer o *release* e deixar claro o protagonismo dos colegas.

Agora é hora da reunião com os demais departamentos. O prefeito deve convocá-la e estar presente. O gestor de desenvolvimento econômico prepara o cerimonial e todo o conteúdo a ser apresentado, que nada mais é do que o PDE. Nessa reunião, vale utilizar toda a diplomacia no trato com os outros departamentos. Isso deverá constar do planejamento estratégico. O gestor de desenvolvimento econômico faz o convite e o prefeito convoca os departamentos diretamente envolvidos no processo de atração de empresas, mas também os indiretamente envolvidos, ou seja, toda a equipe interna, desde os recepcionistas até o pessoal da limpeza. Afinal, todos precisam saber que a cidade está imbuída na atração de empresas, o que resultará em benefícios para toda a população.

Secretarias que aparentemente estariam muito distantes da pasta estão mais próximas do que podemos imaginar. Os empresários e sua equipe, que irão residir na cidade, necessitarão de boas escolas. Além disso, a educação é fundamental para a qualificação da mão de obra. A Secretaria da Cultura também precisa saber que novas empresas estão chegando. Algumas atividades culturais poderão ser incluídas nos encontros empresariais, e convênios e contrapartidas poderão ser estabelecidos para a cultura. Além disso, as atividades culturais poderão ser divulgadas para os novos integrantes da cidade. Isso mostra que todos os departamentos e secretarias da prefeitura são muito importantes na integração, e é bom que todos conheçam o planejamento estratégico do município para a atração de novas empresas.

Lembrando do exemplo da Nasa na corrida espacial, isso é o planejamento estratégico: transformar, ter uma ação realizadora. É necessário ajudar toda a equipe a se envolver. Utilizando a diplomacia nessa reunião ampliada, deve-se registrar tudo, produzir o *release* e demonstrar o protagonismo de todos, a começar pelo prefeito, que incluiu a atração de empresas em seu programa de governo. É importante falar de todos os departamentos, deixando a pasta por último, e ressaltar que ninguém faz nada sozinho.

É como se o gestor da pasta de desenvolvimento econômico estivesse formando um time para vencer. Se pensarmos dessa forma, precisaremos de uma equipe. Além dos jogadores, será necessário ter um grupo de apoio, representado por cada departamento, até que sejam também "jogadores titulares". Não é apenas o seu departamento que conta, é preciso montar um time. Isso é a democracia no trato com os departamentos internos. A diplomacia, a forma de lidar com o outro, pode ser utilizada em todos os tipos de negociações, seja com os departamentos internos, seja com os externos.

A equipe interna deverá ser reunida muitas outras vezes para que seja criado o hábito de compartilhar os resultados. O mesmo procedimento deverá ser adotado em relação à equipe externa. As visitas individuais às escolas de formação técnica, ao setor imobiliário e às associações de classe devem ser a ponte para o encontro oficial de lançamento do programa, para o qual é preciso mobilizar a equipe externa, reforçar o engajamento da equipe interna, que será novamente convocada a participar, e divulgar o município como opção de investimentos, dando visibilidade ao PDE. É o que este método denomina "vender a cidade", mais um grande exercício de diplomacia que será incorporado ao seu modo de operar.

Conforme dito anteriormente, ouvir mais e falar menos é uma importante estratégia. Ao trabalhar com outros departamentos, com as equipes interna e externa, é necessário aprender a ouvir mais para obter informações que serão valiosas na hora de negociar ou tratar de um assunto.

Ao comparar um dia de trabalho na secretaria com um dia em uma empresa, o que há em comum é que em ambos os casos temos de negociar o tempo todo. Assim se aprende, na base do experimento e da prática, o que é a empatia. Além da empatia, a diplomacia, que é ter um trato respeitoso com os parceiros, os companheiros de trabalho e a equipe.

Outro ponto muito importante: é preciso sempre estudar, reunir o maior número possível de informações sobre o problema ou tema antes de conversar com os secretários ou engenheiros. Caso não entenda de mapas ou plantas, é necessário se informar, conhecer o Plano Diretor da cidade, o zoneamento industrial. Além disso, não ter medo de "perder a ideia". Quem sabe o que está fazendo não tem medo de aceitar sugestões viáveis de outras pessoas. Aqui está um dos segredos para conseguir sucesso na integração com os outros departamentos, o que é muito importante.

Agir com proatividade também ajuda a agilizar os processos, sem esquecer, porém, que tudo precisa ser feito com diplomacia, sem invadir o espaço do outro. Por exemplo: você precisa conversar com o gestor de uma pasta de outro departamento, com quem é difícil agendar um horário. Você sabe que, de todo modo, após conseguir falar com ele, a sua solicitação será repassada a um subordinado. Uma boa saída para todas as partes seria se adiantar e sugerir ao gestor que você poderia tratar diretamente com o subordinado, não deixando de dar o feedback posterior por e-mail para que ele fique ciente do que foi discutido. Isso adiantaria etapas e pouparia tempo ao gestor. Isso é diplomacia: saber a hora e o momento de se colocar à disposição.

Até aqui percorremos as etapas do engajamento da equipe interna, primeiro tratando dos departamentos diretamente envolvidos com a pasta e, em seguida, das pastas e secretarias comprometidas indiretamente. Esse primeiro movimento culmina em um grande encontro oficial de lançamento do PDE. Durante esse encontro é promovido o engajamento da equipe externa, sempre observando que a diplomacia é fundamental e que praticá-la é uma forma de garantir resultados exitosos na atração de empresas.

Todos os aspectos positivos (as forças e as oportunidades identificadas por meio do diagnóstico, utilizando o prognóstico, montando as diretrizes e os projetos criados a partir delas, começando com o inventário e o mapeamento) permitirão apresentar tudo o que a cidade pode oferecer para atrair empresas. Esse módulo, uma vez executado, revelará a "mina de ouro" do município. Então, o negócio agora é ir a campo.

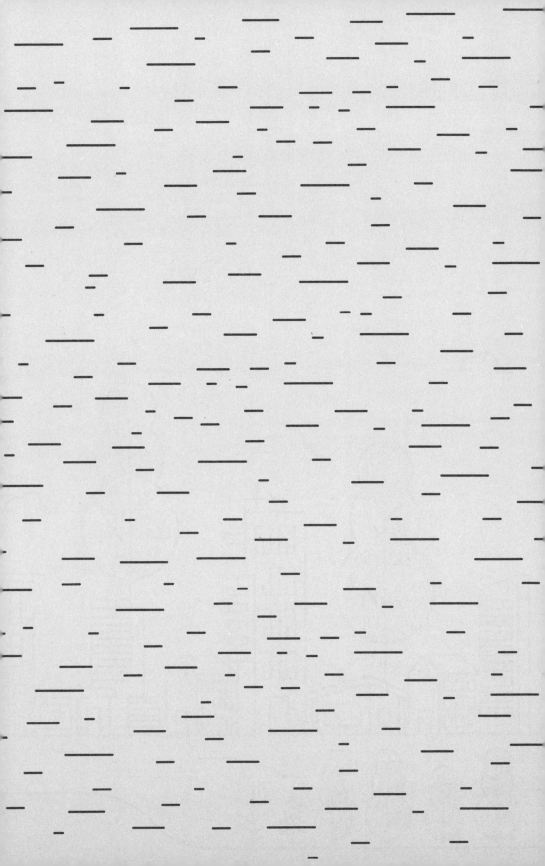

2º MÓDULO

1º MÓDULO

2º MÓDULO

3º MÓDULO

4º MÓDULO

IR AO CAMPO DE BATALHA

Vamos agora dar um mergulho, como se estivéssemos procurando pedras preciosas que serão encontradas apenas se não deixarmos escapar nenhum detalhe. Com todo o cuidado, vamos percorrendo as águas profundas, cuidando de cada pedaço do leito do rio ou do mar, deixando marcas e sinais que nos permitirão voltar para buscar as pedras preciosas. Para isso, antes de mergulhar, faremos pesquisas, providenciaremos os equipamentos de mergulho, estudaremos as correntezas, o clima, enfim, cuidaremos de cada detalhe para que o mergulho tenha sucesso. Pois bem, é o que vamos fazer a partir deste segundo módulo: preparar e mergulhar. Por isso este módulo foi denominado "Ir ao campo de batalha", ou seja, sair do gabinete, deixar um pouco de lado os sites de busca e pesquisa.

O 1º módulo – "A mina de ouro do município" – deu todas as ferramentas para que você pudesse ir a campo. Com o programa de desenvolvimento focado na atração de empresas, você visitará os agentes econômicos, políticos e sociais do seu município. Cada detalhe importante, incluindo o modo de abordagem, os roteiros de e-mail para contato e os *releases* para a divulgação de visitas, será discutido aqui. É hora de "vender a cidade". Isso será feito, primeiro, mostrando aos empresários locais que a gestão atual tem como objetivo atrair novas empresas, mas também valorizar aquelas que acreditaram no município antes de o planejamento estratégico existir.

AGENDA 1:
VISITANDO AS EMPRESAS LOCAIS

Nesse momento, já devemos ter, no mínimo, a lista das dez maiores empresas da cidade. Se a cidade tiver mais de 50 mil habitantes, é possível começar com as trinta ou cinquenta maiores empresas. Agora, vamos elaborar uma agenda de visitas. O ideal é reservar um dia inteiro para as visitas (duas empresas pela manhã e duas à tarde). A frequência pode variar de uma vez por semana a uma vez por dia. O primeiro passo é organizar uma agenda de visitas física ou virtual e já fechá-la, entrando em contato com a empresa por telefone, WhatsApp ou e-mail. O roteiro será sempre o mesmo: apresentar-se (em nome do prefeito) e informar o interesse em agendar uma visita para conhecê-los e apresentar o PDE para a cidade. Normalmente as respostas são positivas, pois a maioria das empresas acha importante receber a visita do prefeito ou de servidores da prefeitura.

1º MÓDULO

2º MÓDULO

3º MÓDULO

4º MÓDULO

Note que será um segundo contato com a empresa, uma ótima oportunidade para divulgar o PDE e colher mais informações para o banco de dados, atualizando as informações obtidas pela internet, por exemplo. É importante preparar o discurso com cuidado. O diálogo pode ser iniciado com sua apresentação e o motivo da visita, deixando claro o interesse da prefeitura em desenvolver a cidade e mencionando o programa de desenvolvimento local, que prevê a atração de novas empresas. Vale frisar que o ponto de partida para esse desenvolvimento é o fortalecimento das empresas locais, e que o motivo da visita é conhecer a empresa e suas demandas e verificar como a prefeitura pode ajudá-la. Vale reforçar também que o programa foi desenhado a fim de gerar mais empregos e renda para o município, o que é muito importante para fomentar a economia local.

Anotadas as demandas, é hora de fazer o convite para participar do programa. Alguns vão dizer que suas empresas estão a mil por hora na produção, outros vão falar da crise, das dificuldades que estão enfrentando. Podem ainda dizer que não sabem como contribuiriam com o programa. É importante reconhecer o momento difícil pelo qual a empresa está passando, mostrar empatia e sinalizar que a prefeitura está trabalhando exatamente para que a economia local consiga retomar seu curso.

Nessa visita, lembre-se de que você representa a prefeitura, o poder público, e que sua missão é transmitir a segurança de que está ali exatamente para passar pela crise junto com os empresários, unindo-os. Ao visitar as empresas, você pode encontrar uma que seja potencial cliente da outra, colocá-las em contato e ajudá-las a fechar negócios. Mostre ao empresário que ele pode confiar na gestão e deve se preparar, pois o município tem um plano com projetos e diretrizes para retomar o desenvolvimento.

Note que ao mesmo tempo em que se divulga o PDE, a equipe externa é engajada. O empresário vai recuperar a esperança ao saber que a prefeitura está conversando com associações e com outros empresários. É uma boa oportunidade para adiantar que é muito provável que ocorram encontros empresariais para a troca de informações e o fechamento de negócios.

A maior preocupação dos empresários não tem relação com dinheiro ou algum tipo de doação da prefeitura. Eles esperam apoio e agilidade nos processos junto aos governos estadual e federal, bem como serem ouvidos em suas demandas. Por exemplo, ao saber que uma empresa está situada na zona rural da cidade, onde não há asfalto nas vias, o gestor pode pleitear o asfaltamento ao governo do estado ou aos deputados. É importante ter sempre em mãos um roteiro com as perguntas e os passos a serem dados durante as visitas, a fim de descobrir as demandas.

Basicamente, é necessário descobrir:

- quanto tempo a empresa está no município;

- de onde ela veio;

- se ela tem alguma dificuldade no trato com a prefeitura;

- quantos funcionários ela tem;

- qual o seu faturamento anual;

- qual a faixa salarial de seus funcionários.

Esses são dados importantes que podem ser coletados em uma conversa. Conhecer o tipo de mão de obra que a empresa utiliza também é importante, pois mais adiante poderá ser criado um programa de capacitação.

Outras perguntas importantes: quais são os principais clientes da empresa? Onde eles estão localizados? Na capital, no interior ou em outro estado? A essa altura da conversa, é possível falar formalmente do PDE que está em marcha e explicar que, devido a ele, já foi (ou será) criada uma lei de incentivo para atrair novas empresas, a qual contemplará também as empresas locais. Assim, caso essa empresa tenha interesse em ampliar sua estrutura, construindo um novo galpão para aumentar a produção, por exemplo, também poderá ser beneficiada. Por isso é tão importante colher essas informações: elas aumentam nosso poder de decisão.

Portanto, "ir a campo" é sair do gabinete para a rua, conhecer os clientes. Além de levar esse roteiro com as perguntas, é importante fazer sempre o registro fotográfico, sem esquecer de pedir autorização para publicar as fotos. Ao visitar a produção, você pode sugerir uma fotografia ali mesmo. Algumas empresas podem ter alguma restrição quanto a fotos, mas a maioria gosta de registrá-las para posterior divulgação. As fotos podem ser publicadas no site da prefeitura, nas redes sociais e no jornal interno da empresa, se houver. A legenda deve descrever o orgulho que a cidade tem da empresa.

Por que é tão importante o registro das visitas? Lembre-se da comunicação assertiva da qual falamos no primeiro módulo: comunicar o que a gestão está fazendo. Prepare um texto descrevendo que sua equipe está fazendo visitas às empresas e acentue o quanto elas são importantes para a economia local. Para isso, utilize os dados coletados nas visitas. Aproveite o *post* e o texto para divulgar o PDE. Encaminhe o texto para o jornal interno e para os jornais locais e regionais, sempre em nome da gestão e do prefeito.

AGENDA 2:
VISITANDO AS ASSOCIAÇÕES E OS PARCEIROS

No tópico anterior, agenda 1, vimos como organizar, perguntar, registrar e divulgar a agenda de desenvolvimento, ou seja, "ir a campo". As agendas com os empresários locais são muito importantes. Não menos importantes são as visitas às associações comercial e industrial e às demais instituições parceiras, que, de certo modo, compõem a equipe externa. Enquanto são feitas contínuas visitas às empresas locais, podem ser inseridas na agenda visitas às associações comercial e industrial. Em algumas cidades a associação comercial inclui também a indústria; em outras, as associações são separadas. É possível proceder de duas formas: ir até elas ou convidá-las ao gabinete. Nessas ocasiões, a presença do prefeito é sempre importante.

Em relação às entidades, deve-se proceder como com as empresas: mostrar o PDE e explicar a importância do engajamento das entidades no programa, além de perguntar o número de associados, os projetos que elas têm e os serviços que oferecem. Nessa reunião, com um pouco mais de tempo, é interessante fazer uma apresentação sucinta explicando que a cidade está com um PDE para atrair novas empresas e gerar emprego e renda, mas também para valorizar as empresas locais, por isso o contato com essa associação tão importante para o município. Seja para as associações comercial e industrial, seja para o sindicato rural, a casa da agricultura ou o setor de turismo, o discurso será o mesmo: apresentar a gestão, sempre levando uma palavra de esperança.

Durante as visitas, fazer outras perguntas pertinentes:

- há quanto tempo existe a associação?

- há alguma formação para fortalecer as empresas locais?

- qual é o objetivo da associação?

Se, por exemplo, a associação fizer campanhas de vendas em datas comemorativas como Páscoa, Dia das Mães, Dia dos Namorados, entre outras, deve-se colocar a prefeitura à disposição para apoiá-la. Esse apoio não significa necessariamente dinheiro; é preciso descobrir as demandas, o que se consegue conversando.

Outra agenda muito importante é com o setor imobiliário. É necessário ir a campo para essa agenda, fazer uma reunião só com esse setor para falar sobre os planos e projetos da gestão, o programa de desenvolvimento e a importância do setor imobiliário nesse processo. Por exemplo, se tiverem áreas disponíveis, como galpões, podem informar ao desenvolvimento econômico, trazer as demandas para a pasta. Enfatize que a pasta tem um planejamento estratégico com a missão de atrair novas empresas, fortalecer as empresas locais, gerar emprego e renda, e peça que, caso recebam alguma empresa, tragam os empresários ao gabinete para conversar.

AGENDA 3:
VISITANDO OS CONTADORES E O SEBRAE

Outro segmento a ser visitado com especial atenção é o dos contadores. Tal qual as associações, é possível ir visitá-los ou convidá-los à prefeitura. Os contadores são muito importantes porque são os primeiros a serem consultados quando uma empresa decide abrir uma planta no município. Às vezes, a empresa passa ao contador a responsabilidade de procurar uma cidade para transferir sua unidade. Note como é importante conversar com esse segmento. Encaminhe um convite em nome da prefeitura para uma reunião na qual será apresentado o PDE local, cujo objetivo é atrair novas empresas e fortalecer as que já existem para gerar emprego e renda. Acentue, ainda, a importância de sua presença, e conclua dizendo que conta com o apoio dos contadores para promover o fortalecimento econômico da cidade.

O convite pode ser feito por telefone, e-mail, correspondência ou até mesmo pessoalmente. De qualquer modo, sempre envie uma mensagem por e-mail ou ligue para confirmar. Nos contatos telefônicos pode ser usado o mesmo texto do convite, informando que o prefeito estará presente e que o programa de desenvolvimento será apresentado.

Na reunião, pode ser usada a mesma projeção feita para falar com o setor imobiliário, efetuando as devidas adaptações para o segmento dos contadores, que lida com a abertura de empresas e a prestação de contas. É importante destacar a relevância do setor para o PDE da cidade, explicar a nova lei de incentivo e entregar uma cópia dela para cada empresa, pedindo que analisem com cuidado os benefícios que terão ao investir no município. Depois, o contador pode atuar como um "vendedor" da cidade, atraindo outros contadores. Assim que o encontro terminar, não esqueça de fazer o registro fotográfico. Elabore o *release*, como nas agendas anteriores. A sequência é a mesma: faça barulho!

Outra instituição fundamental é o Sebrae, que capacita e traz soluções para as micro e pequenas empresas. Durante as visitas, serão descobertas várias atividades de empresas desse porte. De imediato, é possível apoiá-las estabelecendo parceria com o Sebrae. Se no inventário for identificada a presença do Sebrae, o trabalho poderá iniciar já durante as visitas. Caso contrário, será necessário entrar em contato com o escritório regional mais

1º MÓDULO

2º MÓDULO

3º MÓDULO

4º MÓDULO

próximo e fazer o caminho para a parceria até conseguir trazer o Sebrae para o município.

Nas visitas, deverá ser feita uma sondagem dos cursos disponíveis e de suas grades. Caso a cidade não tenha posto do Sebrae ou a grade de cursos não atenda à demanda, é importante agendar uma visita ao Sebrae regional, marcar uma reunião com o gerente ou convidá-lo para a prefeitura. Nessa reunião, tenha em mãos o PDE e faça exatamente como nas demais visitas. Lembre-se de explicar a importância do Sebrae para o PDE.

Quando no início do módulo falamos em "ir ao campo de batalha", era isso o que pretendíamos. Seguindo essas orientações, provavelmente começará a faltar espaço em sua agenda para o grande número de agentes de desenvolvimento que o procurarão.

3º MÓDULO

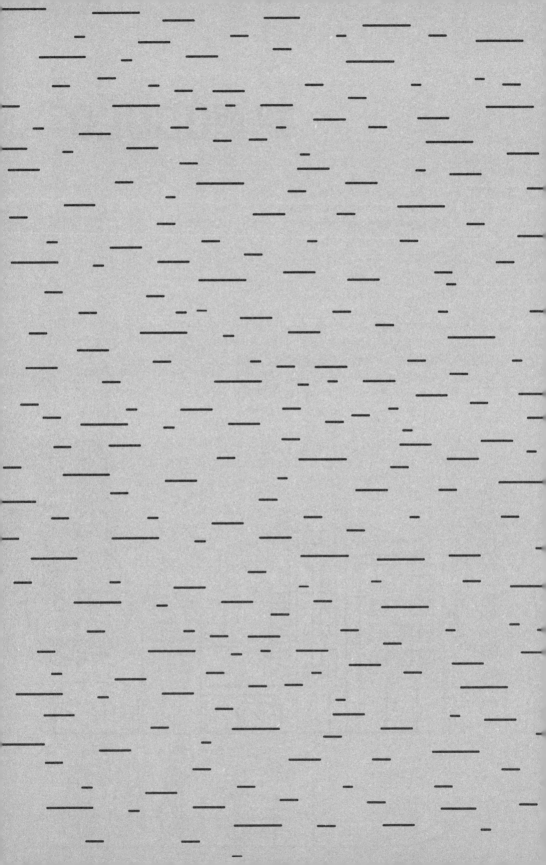

1º MÓDULO

2º MÓDULO

3º MÓDULO

4º MÓDULO

A ARTE DE FECHAR NEGÓCIOS

Até aqui, apresentamos elementos teóricos e metodológicos, passos, ações, *releases*, listas, formulários, roteiros de pesquisa e até roteiros de diálogos tidos como universais, ou seja, que todo gestor pode utilizar no cotidiano de trabalho. Tudo isso será desenvolvido neste módulo, além do processo que permitirá anunciar oficialmente a vinda de uma empresa para o município.

PRIMEIRO ATENDIMENTO:
CONHECENDO AS NECESSIDADES DO CLIENTE

Uma vez encontrada a "mina de ouro" do município, do ponto de vista prático, passa-se a fazer a prospecção de empresas. Para isso, são utilizadas técnicas de negociação. Até aqui, montamos a agenda de visitas (às empresas, aos distritos industriais, aos terrenos, às imobiliárias, às escolas de formação) e, por meio da comunicação assertiva, mobilizamos as equipes interna e externa. As empresas, tanto as locais quanto as que procuram cidades para novos investimentos, começam a entrar em contato. A preocupação agora é como fazer o primeiro atendimento.

Essa é uma dúvida muito comum. O gestor de desenvolvimento econômico, assim como a maioria das pessoas que trabalham no serviço público, não desenvolve o hábito de atender e prospectar empresas. Não é o caso de quem seguiu o método deste livro até agora. Na fase de "ir a campo", começamos a treinar o atendimento por meio das conversas com as empresas. Provavelmente alguém do setor imobiliário, um contador ou mesmo o próprio empresário indicará uma empresa para o município. Qualquer que seja o caso, é importante anotar o nome da empresa, levantar o máximo de informações sobre ela, fazer buscas na internet (a maioria das empresas tem sites ou propagandas na web), coletar informações sobre o segmento, saber as cidades em que atua, as opiniões de clientes, as pendências, etc. Enquanto é feito o agendamento, continue pesquisando.

A própria empresa pode entrar em contato, oferecendo a oportunidade de colher as informações diretamente da fonte. Pense em uma empresa que precisa vender um produto. Agora, imagine que a cidade é esse produto. Para que comprem a ideia, é necessário mostrar todas as qualidades do município. Ou ainda, como falamos neste método, mostrar todas as fortalezas e oportunidades, a "mina de ouro", para que o cliente veja essa cidade como a melhor opção para implantar sua empresa ou ampliar seus investimentos. Por isso é tão importante fazer o levantamento prévio de informações sobre a empresa para utilizar no primeiro atendimento.

Isso posto, estamos prontos para começar o primeiro atendimento. É sempre muito importante que o prefeito participe, principalmente nas primeiras reuniões. Caso a agenda da empresa não coincida com a do prefeito, é preciso garantir que ele ao menos receba o empresário no gabinete e dê as boas-vindas, colocando-se à disposição, não se esquecendo de apresentar a pessoa que vai falar por ele – o gestor de desenvolvimento econômico. Caso a empresa queira apresentar um produto para a prefeitura nesse primeiro encontro, outra reunião deverá ser agendada para esse fim, visto que, nesse momento, o foco são os novos investimentos, a geração de emprego e o aumento da renda e da arrecadação.

Para esse encontro, é esperado o comparecimento do dono e dos sócios da empresa, possivelmente acompanhados de um ou mais gerentes. No caso de uma empresa mundial, é possível que venham apenas os diretores. É importante recebê-los pessoalmente e se apresentar. Enquanto isso, o caminho até a sala de reuniões é a melhor oportunidade para uma conversa informal, o dito "quebra-gelo". Nesse momento, cabe perguntar se fizeram boa viagem, oferecer um café, etc.

Assim que todos estiverem devidamente acomodados, passa-se à pauta oficial. A reunião deverá ser conduzida com segurança e firmeza, mas sem formalismos. É hora de mostrar que foi feita uma pesquisa prévia sobre a empresa, por exemplo, citando a área e as cidades em que atua. A partir daí entram as perguntas pontuais. O quadro 1 traz uma lista de questões importantes para serem feitas durante o atendimento. Uma dica é deixá-las anotadas para consulta até que se tornem automáticas, pois elas passarão a fazer parte do seu cotidiano. Essas perguntas devem surgir naturalmente na conversa, como sugerido nos parágrafos anteriores, e não ser enumeradas como em uma prova: pergunta 1; pergunta 2; etc.

QUADRO 1 – ROTEIRO PARA O PRIMEIRO ATENDIMENTO A EMPRESAS

ROTEIRO PARA O PRIMEIRO ATENDIMENTO A EMPRESAS
Empresa:
Endereço:
Telefone:
E-mail:
Relate o histórico da empresa:
1 Quanto tempo atua no mercado?
2 Cidade-sede:
3 Em que segmento atua?
4 Atualmente, tem quantos funcionários?
5 Quais cargos existem na empresa?
6 Se vier para a cidade, pretende transferir toda a unidade ou abrir uma planta nova?
7 Qual o tamanho do galpão que ocupa atualmente?
8 Se vier para a cidade, qual o tamanho do galpão que vai construir?
9 Qual a metragem da área livre de que necessitarão?
10 Para essa construção, a empresa já tem os valores para o investimento?
11 Em quanto tempo pretende concluir a obra e iniciar a operação?
12 Principais clientes:
13 Principais fornecedores:

As perguntas 7, 8 e 9 do quadro 1 permitirão descobrir se a empresa vai precisar de uma área para construir ou se pretende alugar um galpão, bem como a metragem necessária. Com as perguntas 10 e 11 é possível descobrir se ela tem capital próprio para investir na construção e quantos empregos vai gerar. De posse dessas informações e do mapeamento que já foi feito, saberemos qual área disponível da cidade atenderá à necessidade da empresa, qual o preço do metro quadrado, quem é o dono, etc.

No atendimento, é possível prever as necessidades da empresa. Por exemplo, se ela pretende dobrar a área construída de 5.000 m², sabemos que precisará de 10.000 m². Nesse caso, indicaremos as áreas privadas, depois falaremos das áreas públicas. Ela pode precisar de uma alteração na potência do fornecimento de energia, ou o terreno pode precisar de infraestrutura. Assim, enquanto a empresa providencia a documentação e os trâmites da transferência ou do investimento em uma planta nova, é possível ir cuidando da solução dessas necessidades. Essas são as técnicas de negociação que mencionamos anteriormente. Para colocá-las em prática, é fundamental ter realizado as etapas anteriores.

Ao final do atendimento, lembre-se de fazer o registro fotográfico e pedir autorização para divulgar as fotos. Cumprido o protocolo de atendimento, é importante deixar o *release* pronto e encaminhado.

SEGUNDO ATENDIMENTO:
CONHECENDO AS ÁREAS COM O CLIENTE

No primeiro contato com a empresa que optou por investir em seu município, foram levantadas as demandas, como a compra de um terreno e o aluguel ou a construção de um galpão. Nós já conhecemos as fortalezas do município; o cliente, não. Assim, iremos a campo, pela segunda vez, acompanhar o empresário ou seus representantes nas visitas aos imóveis. Com o tempo, você vai adquirir experiência nessa tarefa tão importante.

> Quando iniciei como secretária de desenvolvimento econômico em Salto (SP) e comecei a atender empresas, não entendia nada sobre imóveis, mas comecei a acompanhar as visitas dos empresários às áreas particulares para que eles soubessem que a prefeitura estaria ali para dar apoio. Indiretamente, fui aprendendo enquanto observava o trabalho dos consultores.

Durante as visitas, é possível aprender prestando atenção na abordagem dos consultores. É importante ter conhecimento nessa área. As empresas não podem tirar o dia todo para ir a uma imobiliária conversar, então, adiantar o assunto, compartilhando informações do imóvel, pode ajudar no processo. Caso a empresa queira alugar galpões, facilita muito saber que eles existem e quais as especificações, pois assim bastará indicar o representante para tratar dos trâmites.

Desse modo, a empresa ganha tempo, celeridade. Do ponto de vista do gestor, é uma negociação para que a empresa venha para o município o mais rápido possível. Para o corretor, essa iniciativa da pasta vai gerar renda para as empresas locais e aumentar a arrecadação. Por esses motivos, todas essas ações são chamadas técnicas de negociação, e o gestor é um facilitador do processo.

| 1º MÓDULO |
| 2º MÓDULO |
| **3º MÓDULO** |
| 4º MÓDULO |

O empresário pode ser convidado a visitar uma área já no primeiro atendimento. Desse modo, praticamente, o segundo atendimento acontece logo no primeiro dia. Falamos em etapas, mas a realidade é viva, de sorte que várias etapas poderão ser cumpridas ao mesmo tempo. Por exemplo, se o empresário tem necessidade de uma área de 10.000 m² e identificamos uma área disponível em nosso mapeamento, uma visita pode ser agendada imediatamente. Sabemos que os empresários estão sempre com a agenda cheia. Às vezes, nem é necessário visitar a área, basta mostrar o mapa, ligar para o proprietário ou agente imobiliário responsável e colocá-los em contato. A celeridade é um diferencial deste método. Esse é o motivo de insistirmos na importância de mapear e reunir todas as informações possíveis sobre o município e os agentes de desenvolvimento, incluindo e-mail e telefone de contato.

Outro aspecto a ser observado nessas visitas é se a área tem infraestrutura, energia, água, esgoto, comunicação, etc. De posse dessas demandas, é possível antecipar as iniciativas para solucionar os problemas, de modo que a empresa comece a operar o mais rápido possível.

Para que possamos orientar as empresas da melhor forma nesse processo, como consultores, é muito importante visitar os imóveis. Não se esqueça de sempre anotar todas as informações e, ao voltar para o gabinete, preencher as planilhas de cadastramento da empresa com essas demandas. Lembre-se: registre tudo e publique.

ACOMPANHANDO A NEGOCIAÇÃO

A partir do primeiro atendimento inicia-se o acompanhamento da empresa, ou melhor, de todas as empresas atendidas. Você já atendeu a empresa, levou-a para conhecer as áreas disponíveis e colocou-a em contato com os proprietários ou com o corretor responsável pela área, encaminhando o processo conforme o planejado. Pode acontecer, porém, de não haver em seu mapeamento uma área que atenda à necessidade da empresa. E agora? Uma opção é comunicar o empresário que, embora não haja tal área nos distritos industriais do município, outras áreas industriais particulares podem atendê-lo. Ele poderá retrucar que não tem tempo de procurar. Nesse caso, anote seu e-mail e telefone e diga-lhe que colherá as informações e voltará a entrar em contato. Dessa forma, cria-se um vínculo para futuras abordagens. Isso também é prospecção: ouvir o cliente e levantar suas demandas.

Quando falamos de acompanhamento, trata-se de fornecer à empresa todas as informações de que ela precisa, depois de ter anotado todas as demandas. Hoje em dia, com o WhatsApp, é possível praticar acompanhamento *just in time*. Mantenha todos os comunicados registrados, não os apague, pois eles têm dupla função: servir de base para os *releases* e a prestação de contas e constituir uma prova de que você deu andamento ao processo conforme o combinado. Lembre-se: comunicação é tudo. Assim se constrói e amplia a agenda de desenvolvimento econômico.

ÁREAS PRIVADAS

O acompanhamento é contínuo e será feito durante todo o período em que o gestor estiver à frente do desenvolvimento econômico. Ressaltamos um aspecto importante nesse processo, que é um dos segredos deste método: cumprir as promessas. Após realizar vários atendimentos a empresas e se comprometer, por

1º MÓDULO

2º MÓDULO

3º MÓDULO

4º MÓDULO

exemplo, a enviar a solução para os problemas, responder a pedidos, fazer uma lista de documentos, não se pode vacilar! É importante cumprir as promessas, sem jamais deixá-las para depois. Assim que o cliente sair, deve-se, imediatamente, começar a colher informações, organizá-las e enviá-las. É muito importante ser um gestor que cumpre o que promete; é necessário ter compromisso. Isso traz credibilidade, o que é indispensável no trabalho de atração de empresas para o município.

Trazer uma empresa para um município não é como fazer uma compra comum; é como receber um tesouro, o qual exige tratamento diferenciado, embora existam vários pontos em comum no atendimento, visto que se trata de um cliente. Você precisa conhecer suas necessidades, seu poder de investimento e o produto que vai oferecer; ter empatia; e saber negociar. Quando se trata de uma compra comum, de uma peça de vestuário, por exemplo, é possível trocar, devolver ou até pedir para fazer outra, rapidamente, por telefone. Com uma empresa é mais complexo, pois ela investe milhões, transfere ou adquire uma nova linha de produção, com máquinas e equipamentos sofisticados, constrói grandes áreas. Ela precisa, às vezes, de um ou dois anos para começar a operar. Esse acompanhamento é uma fase muito importante.

Veja um exemplo para ilustrar: em Capela do Alto (SP), segunda cidade na qual atuei como agente de desenvolvimento, ao fazer o mapeamento, descobri que havia um distrito industrial público que tinha sido comprado por gestores anteriores, o qual conseguimos regularizar. Assim que começamos a divulgar o município como opção de investimento, recebemos muitos contatos, entre eles o de uma empresa da área de caldeiraria com sede em Sorocaba (SP), que precisava ampliar sua estrutura e não tinha mais espaço onde estava. Sorocaba (SP) é historicamente industrial, porém os terrenos na cidade estavam mais caros. Vi ali uma oportunidade: essa empresa estava procurando uma doação de terreno de 30.000 m² e nós tínhamos uma área de 50.000 m² para esse fim.

Quando mostramos o terreno para o dono da metalúrgica, ele disse que precisava de uma área de 30.000 m². Ademais, uma grande transportadora também seria instalada, exigindo 25.000 m². As máquinas que a empresa utilizava eram muito pesadas e não faziam curvas muito acentuadas; logo, seria necessário um terreno plano, com infraestrutura adequada de água e energia, e próximo a uma grande rodovia para facilitar o escoamento da produção. A primeira reação seria pensar que perdemos um cliente capaz de gerar muitos empregos e dar uma injeção na economia local, algo de que tanto precisávamos. Porém, como tenho experiência em negociação e não aceito facilmente um "não", minha reação foi inversa: resolvi procurar uma solução, pois não podíamos perder aquele cliente.

Mostramos diversas áreas ao cliente, nenhuma das quais atendia aos seus requisitos. Acabamos nos despedindo na estrada, na última área que havíamos mapeado e que poderia atender à sua demanda, não fosse por um morro que impedia a instalação da empresa. O prefeito estava chateado por não termos nenhuma área que atendesse a essa empresa tão importante. Enquanto nos despedíamos, perguntei aos irmãos, que eram sócios na empresa, se eles comprariam uma área privada que satisfizesse suas necessidades, caso a encontrássemos. Eles responderam que sim, se o preço fosse adequado. Naquele momento, disse a eles que iria cuidar de tudo. Eu sabia da existência de áreas privadas bem localizadas e com ótimo preço. Finalizando o atendimento, fiquei de informá-los e garanti que eles podiam ficar tranquilos, pois encontraríamos uma solução. Eu já tinha anotado todos os contatos (e-mail, telefone) quando os recebi na prefeitura.

1º MÓDULO

2º MÓDULO

3º MÓDULO

4º MÓDULO

Ainda ali, enquanto nos preparávamos para voltar ao gabinete, o prefeito me disse que perto da Rodovia Raposo Tavares havia uma área utilizada por um fazendeiro para a produção de ração para suínos, a qual seria ideal para a empresa. No entanto, o proprietário não tinha intenção de vendê-la. Comentei com o prefeito que deveríamos tentar convencer o proprietário a destacar os 30.000 m^2 de que nosso cliente precisava. Depois de meses de negociação, conseguimos convencê-lo de que esse investimento seria importante para ele e para toda a economia da cidade. Assim que o proprietário se dispôs a vender a área, entrei em contato com os sócios da empresa e apresentei a solução. Fizemos um desenho e mandamos para a empresa com esta mensagem: "Encontramos essa área situada numa zona rural, mas que podemos transformar em zona urbana. Queremos saber se interessaria a vocês". Eles responderam que sim e que, além disso, naquele final de semana tinham falado sobre essa oportunidade com colegas empresários, um dos quais havia se interessado em comprar 40.000 m^2 e outro, 10.000 m^2, o que ultrapassava os 30.000 m^2 previstos inicialmente. Percebe que o segredo é o atendimento, acompanhar o seu cliente e cumprir as promessas? Aquilo que seria um "não" se transformou em um "sim".

O PAPEL DA GESTÃO PÚBLICA

Para ilustrar o papel da gestão pública na tarefa de trazer empresas para o município, vamos descrever detalhadamente a negociação e o acompanhamento feitos no caso apresentado no item anterior, o que permitirá observar esse aspecto fundamental do método.

Tentamos contato com o gerente da fazenda em questão, pois o dono da área não vivia no município. Nós o convidamos para vir ao gabinete e apresentamos todas as informações que tínhamos em mãos para solucionar o problema que dependia muito da participação dele. Dissemos que estávamos implantando um PDE, e que uma empresa interessada, se viesse para o município, geraria cerca de 200 empregos e movimentaria toda a economia local.

Apresentamos o PDE e explicamos ao gerente que precisávamos da ajuda dele para convencer o fazendeiro a vender a área para a empresa. Perguntamos o preço do metro quadrado, informando a parte do terreno que a empresa queria comprar e a metragem aproximada de que ela precisava: entre 70.000 m^2 e 100.000 m^2. Era importante saber o preço que eles queriam, porque já sabíamos quanto a metalúrgica estava disposta a pagar por metro quadrado, e assim poderíamos ajudar na negociação. É sempre bom lembrar que o único benefício que a prefeitura busca é o desenvolvimento da cidade.

Foram meses de negociação até que um dia o dono disse que não venderia aquela área, e sim outra, com cerca de 1 km de extensão, que ficava mais para o meio da fazenda, longe da rodovia. Mostramos a área aos donos da metalúrgica, que gostaram, porém notaram que havia um declive que dificultaria muito o escoamento da produção, além de exigir um pesado investimento em terraplenagem. O gerente disse que na ponta da fazenda, onde a empresa queria comprar 100.000 m^2, o dono pensava em construir um condomínio residencial de luxo. Eu, que tinha experiência na questão em decorrência da minha atuação na cidade de Salto (SP), expliquei a ele que um projeto residencial desse tipo perto da rodovia era inviável, devido ao barulho dos carros e caminhões. Contei a ele que, em Salto (SP), um loteamento com essas características estava perdendo muitos clientes, que desistiam ou nem começavam a negociar por conta do barulho. Convenci-o de que a área que ele ofereceu à empresa, no meio da fazenda, seria ideal para o loteamento residencial. Assim, pedi ao gerente que conversasse novamente com o proprietário.

1º MÓDULO

2º MÓDULO

3º MÓDULO

4º MÓDULO

É por isso que sempre recomendo se informar e ter o maior número de informações para ajudar na negociação, como um consultor. Prossegui na negociação com o gerente, até que um dia o dono da fazenda veio até a prefeitura para conversar. Apresentei a ele o nosso PDE junto com o prefeito. Disse que a cidade era pequena, com a menor arrecadação da região de Sorocaba (SP), e precisava de empregos, por isso o sucesso do programa seria o crescimento da economia local. Expliquei ainda que a vinda da empresa daria um impulso à economia do município, e que ele podia colaborar com o processo, além de ganhar um bom dinheiro. Vi que ele ficou sensibilizado quando respondeu que ia pensar.

O prefeito tem o poder de desapropriar uma área, o que informei ao gerente da fazenda, deixando claro que buscaria uma solução que evitasse uma medida dessa natureza. Depois de um bom tempo, o proprietário decidiu vender a área. Porém, disse que venderia somente os 150.000 m^2 do trecho que contornava a rodovia, e a um preço 150% acima do que o dono da metalúrgica estava disposto a pagar. Novamente, entrei no papel de gestora de desenvolvimento: chamei o prefeito e fiz uma sugestão do que ele deveria dizer na reunião entre as partes. Era o momento de usar o seu poder de prefeito, exercer o seu papel de gestor para o benefício dos agentes econômicos, mas também de todos os cidadãos. Depois dessa reunião, o proprietário concordou em reduzir um pouco o preço e o empresário aceitou comprar toda a área. Chegamos a um resultado bom para todas as partes.

É claro que o trabalho não parou por aí. O acompanhamento e a negociação continuaram. Eu conheci a empresa, fiz o acompanhamento – uma espécie de assessoria – e já tinha feito contato com a agência de desenvolvimento de São Paulo. Eu sabia que o Desenvolve SP, agência de fomento do governo do Estado de São Paulo, tinha linha de créditos e disse aos sócios da metalúrgica que, caso eles precisassem de um empréstimo para investimento, poderíamos colocá-los em contato. Para essa prospecção de investimento, eu levei o prefeito para São

Paulo para marcamos uma reunião com a empresa, abrindo mais um processo de negociação. A participação do prefeito é fundamental, pois ele é quem tem a "chave" da cidade.

No encontro empresarial que organizei na cidade, o prefeito apresentou o PDE Invista em Capela do Alto (SP). Na oportunidade, convidei o Investe SP, outra agência de promoção de investimentos do Estado de São Paulo, e anunciamos as empresas que estavam chegando à cidade, nossas diretrizes e projetos. Naquele mesmo dia, a metalúrgica foi atendida pelo Investe SP. A empresa criou uma administradora, conseguiu uma linha de crédito e criou um distrito industrial particular, com previsão de trazer cerca de seis empresas além dela. Hoje, ela já está operando em Capela do Alto (SP) e construindo vários galpões, alguns deles nesse distrito industrial particular.

TRANSFORMANDO O "NÃO" EM "SIM"

Para ilustrar este tópico, vamos apresentar outro caso: a implantação de uma loja do McDonald's na cidade de Salto (SP).

Como gestora de desenvolvimento, fui conhecer as necessidades do município de Salto (SP) por meio de um canal de comunicação com a população. Percebi que precisávamos de mais supermercados para o varejo, mas também de atacadistas com preços mais baixos, pois a população ia às cidades vizinhas fazer as compras maiores. Consultei o setor imobiliário para verificar se havia áreas disponíveis para a instalação de supermercados. Fiz a prospecção, e vários supermercados varejistas e atacadistas foram investindo na cidade: São Vicente, Sonda, Tenda, entre outros.

1º MÓDULO

2º MÓDULO

3º MÓDULO

4º MÓDULO

Entre 2013 e 2016 anunciávamos quase uma empresa por semana, boa parte delas do setor industrial. Pelo nosso canal de comunicação com a população, recebíamos várias mensagens com elogios, além de pedidos. Os saltenses estavam contentes com o aumento do emprego e a chegada das empresas, mas sempre recebíamos a mesma mensagem: "Quando vem o McDonald's?".

Nesse período, as indústrias que vieram para a cidade geraram 250 empregos, mas a população continuava dizendo: "Ok, agora só falta o McDonald's". O que as pessoas não sabiam é que eu já estava fazendo pesquisas sobre as franquias instaladas nas cidades vizinhas. Foi quando consegui o contato do dono da franquia do McDonald's de toda a região metropolitana de Sorocaba e Indaiatuba.

Na prospecção, descobri que as franquias eram abertas em cidades com mais de 100 mil habitantes, levando em consideração fatores como renda per capita, número de escolas e até mesmo quantidade de hospitais. De posse dessas informações, me senti preparada para receber o dono da franquia. Em 2013, fizemos a primeira reunião. Mostrei que a cidade estava pronta para recebê-los, inclusive apresentando uma área na qual poderiam se instalar. Além de ser um sonho da população, uma vez instalada a loja, teríamos a geração de pelo menos 60 empregos, com um bom faturamento, o que resultaria no aumento da arrecadação.

Depois da nossa primeira conversa, o proprietário da franquia ficou de pensar. Eu sabia que eles fariam pesquisas. Tempos depois, recebi um e-mail que me deixou muito triste: "Nós avaliamos e decidimos não construir a loja, vamos aguardar as lojas vizinhas se tornarem viáveis, por isso nossa decisão é pela suspensão do projeto em Salto".

Eu sabia que não deveria desistir. Continuei a prospecção, mostrando que nossa cidade era viável economicamente para o projeto da franquia. Segui enviando e-mails com informações relevantes sobre o município, como o crescimento da renda per capita, o aumento da geração de empregos, a vinda de grandes redes de supermercados, os incentivos fiscais disponíveis por meio de leis de incentivo, cada notícia sobre o crescimento econômico, bem como o interesse da população. No fim de cada e-mail, acrescentava: "Agora só falta o McDonald's". É o que no marketing se denomina comunicação indireta. Muitas vezes, o proprietário da franquia sequer respondia meus e-mails, mas não importava; eu não desisti.

Um ano depois, recebi um e-mail do dono da franquia com a seguinte mensagem: "Parabéns pela sua determinação! Nós queremos retomar as negociações para abrir uma loja em Salto". Imediatamente anunciei a novidade ao prefeito e logo começamos a segunda parte do atendimento: eles precisavam de um local e tinham de avaliar a viabilidade econômica da loja, então o papel de acompanhamento passou a ser ainda mais importante. Começamos a negociação. O dono da área que interessava ao McDonald's havia um posto de gasolina; seria necessário alterar o trânsito, havia uma série de problemas a solucionar. Aí entra o papel do gestor.

Eu já conhecia a modalidade *built to suit*, utilizada pela franquia, na qual um investidor constrói o prédio e a loja o aluga, com prioridade na compra depois de um período de geralmente 20 a 25 anos. Percebe como é importante o gestor ter informações prévias e conhecimento de causa durante as negociações?

Finalmente, a loja foi inaugurada com grande festa e, muito antes do previsto, faturou o esperado para sua viabilidade econômica.

Assista ao depoimento do proprietário da franquia McDonald's explicando as razões de sua vinda para Salto (SP). Há informações no vídeo que ilustram o caso e que poderão contribuir para o aperfeiçoamento de suas técnicas de negociação. Disponível em: https://www.youtube.com/watch?v=sQQWZebvqiA. Acesso em: 5 dez. 2023.

PROTOCOLO DE INTENÇÃO DA EMPRESA

Até agora, o foco esteve em descrever como proceder durante as negociações com as empresas que estão sendo trazidas para o município. Foram apresentadas técnicas de negociação e prospecção que são fundamentais para este método. Chamamos a atenção, agora, para um detalhe muito importante que faz parte do atendimento e do tão necessário acompanhamento passo a passo da instalação ou transferência da empresa para a cidade. Trata-se do protocolo de intenções. Assim que a empresa manifesta oficialmente o interesse de se estabelecer na cidade, é preciso solicitar um documento oficial com as necessidades de infraestrutura, área, dados cadastrais, CNPJ, razão social, breve histórico, previsão de investimentos, número de empregos que pretende gerar, previsão de faturamento, principais clientes, etc. Veja um modelo no quadro 2.

QUADRO 2 – MODELO DE PROTOCOLO DE INTENÇÕES

PROTOCOLO DE INTENÇÕES (EM PAPEL TIMBRADO)

Razão social:

CNPJ:

Endereço:

Telefone:

E-mail:

Enquadramento tributário:

Histórico da empresa (relatar):

Principais clientes:

Atividade principal a ser desenvolvida (relatar):

Objetivo de transferir a unidade para a cidade (justificar):

Qual a área de que a empresa precisa? m^2

Qual o tamanho do galpão que será construído? m^2

Qual o valor estimado em construção, equipamentos, mobiliários, entre outros?

Fonte do investimento da construção:
( ) capital próprio ( ) financiamento

Cronograma de implantação (descrever o cronograma simplificado que aponte o início e o término da obra):

Previsão de início da operação:

Previsão de empregos a serem gerados na cidade:

1º ano: 2º ano: 3º ano: 4º ano: 5º ano:

Outras informações que achar necessário:

Esse protocolo é importante por duas razões: em primeiro lugar, será utilizado para acompanhar o processo de instalação da empresa e garantir que ela esteja cumprindo as contrapartidas previstas pelas leis de incentivo. Em segundo lugar, no caso de a empresa pleitear uma área pública, será útil para verificar se ela atende aos requisitos e às exigências dos editais. Esse processo não é fácil, além de depender de outros departamentos para que se realize com celeridade. Será necessário lidar com pessoas difíceis, de temperamentos diversos, e com seus próprios altos e baixos. Pois bem, desde o protocolo de intenções até a empresa entrar em operação, haverá grandes desafios, dificuldades que podem desanimar qualquer pessoa. Seguindo as sugestões deste método, será mais fácil enfrentá-los e chegar a grandes resultados.

NEGOCIAÇÃO DE ÁREAS PÚBLICAS

A negociação das áreas públicas merece atenção especial, pois há particularidades que o gestor precisa levar em conta. É comum que as cidades menores tenham áreas públicas disponíveis; entretanto, a maioria não sabe como proceder em relação a elas.

Quando estive em Capela do Alto (SP), vivi uma experiência não exitosa. Descobri um loteamento industrial formado a partir da compra de uma área por gestores anteriores. Não havia asfalto, sistema de água e esgoto, ou seja, não havia infraestrutura. Era comum, desde o século passado até o começo deste, que prefeitos fizessem uma lei de doação sem exigir contrapartida. Foi o que ocorreu em Capela do Alto (SP) até a gestão do prefeito Péricles Gonçalves (Kéke). Essa área ficou abandonada por muito tempo. Veja a seguir como resolvemos a questão. Mais do que uma solução muito interessante, foi o modo correto de se proceder.

A primeira coisa que fiz foi me informar, estudar a questão. Por meio do setor jurídico, descobri que a doação ou venda de bens ou imóveis públicos exige licitação, concorrência pública. A legislação federal que regula as licitações é a Lei nº 8.666/93 e suas alterações (Brasil, 1993). Nessa lei estão presentes todas as regras de licitação, uma das quais estabelece que para serviços de até R$ 17 mil não é necessário abrir concorrência pública. Em Capela do Alto (SP), criamos uma lei que autorizava o Executivo a fazer a alienação por meio de doação, concessão e venda. A lei também previa as contrapartidas que as empresas teriam de cumprir, além dos incentivos para aquelas que optassem por investir ou ampliar suas áreas construídas na cidade. É importante ter todas as informações à mão. Por exemplo, o setor de tributos vai avaliar se haverá renúncia fiscal em consequência da alienação das áreas públicas. No caso dessa área industrial de Capela do Alto (SP), o terreno estava abandonado, sem infraestrutura. A prefeitura precisava gastar para limpar a área e evitar animais peçonhentos. Fazendo a doação, teríamos investimentos em construção e, depois, na operação e geração de empregos. As famílias dos empregados fariam compras na cidade e a empresa faturaria no município, gerando aumento de arrecadação. A venda gera entrada de dinheiro para os cofres públicos e, em seguida, movimenta a economia local, desde a construção até a operação da empresa. Onde está a renúncia fiscal? Assim, fui mostrando para o setor de tributos, para a Câmara Municipal e para toda a sociedade capelense que a cidade sairia ganhando com a utilização dessas áreas públicas para a atração de empresas, visando ao desenvolvimento econômico. Finalmente, a negociação e o acompanhamento de todo o processo de instalação das empresas pelo gestor de desenvolvimento e pelo prefeito compõem um dos principais fatores de sucesso deste método.

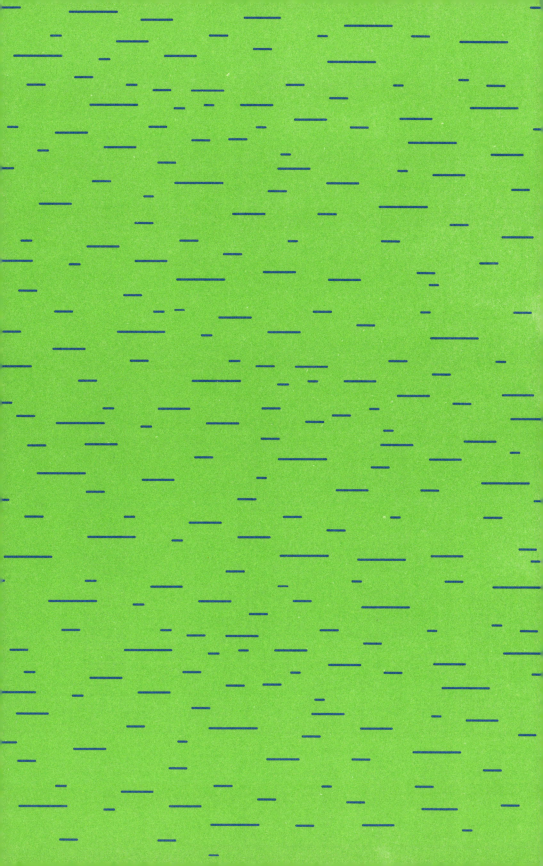

4º MÓDULO

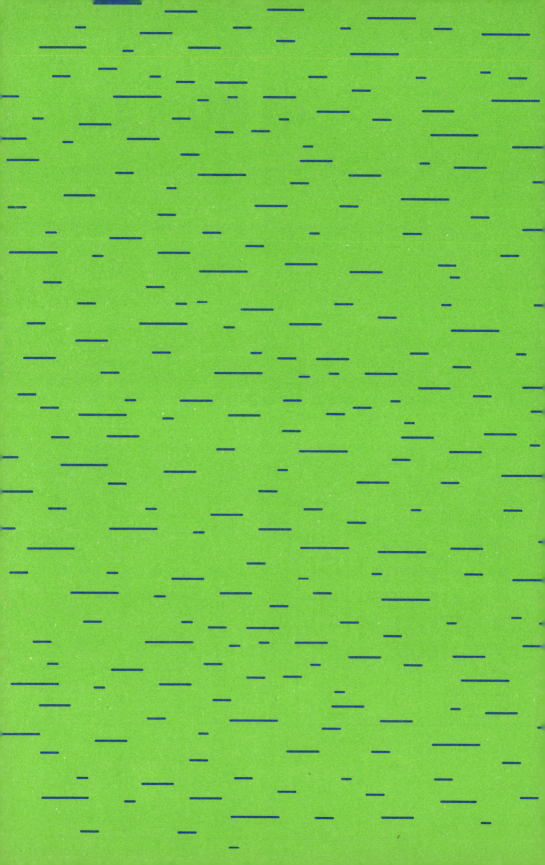

1º MÓDULO

2º MÓDULO

3º MÓDULO

4º MÓDULO

DIVULGAÇÃO E PROSPECÇÃO 2.0

Temos insistido, a cada passo da aplicação deste método, na importância da comunicação. Tanto que dedicamos o módulo 1 inteiro à comunicação assertiva. Voltamos a ela agora porque vamos aplicá-la neste módulo que fecha o método. A prospecção fornece material para a divulgação e traz novas empresas para o radar do município; assim, sucessivamente, uma alimenta a outra. Portanto, a divulgação dos resultados é muito importante. Será necessário incluir essa rotina no seu trabalho, criar esse hábito. Este método ajudará encurtando o caminho, seja disponibilizando modelos de textos, *releases* e planilhas, seja demonstrando exemplos práticos de sucesso.

CUIDE DE PERTO DA SUA COMUNICAÇÃO ASSERTIVA: FAÇA BARULHO

A comunicação é uma das ferramentas mais eficazes para atrair empresas para os municípios. Primeiro, porque quando uma empresa toma conhecimento do PDE, vai espontaneamente procurar a pasta ou o gabinete do prefeito e chegar até a prefeitura. Segundo, porque, ao atender uma empresa, podemos sondar se ela conhece outras empresas com interesse em vir para a cidade. Deixar as portas abertas para receber visitas e tomar um café é uma boa estratégia.

Em Capela do Alto (SP), uma empresa apenas indicou mais seis depois que fizemos o atendimento. A própria empresa fez o convite às outras, ou seja, a divulgação. Nós somente as recebemos, apresentamos o PDE do município e fizemos o acompanhamento. Na prática, essa empresa fez o que chamamos de "venda do município", outra técnica de negociação muito importante que devemos adotar como hábito.

É importante colocar tudo em uma planilha desde o início, documentando cada etapa do atendimento à empresa. A cada atendimento, devemos fazer uma foto e divulgar os resultados. Isso vai ajudar, por exemplo, quando for necessário justificar um pedido de verba para infraestrutura no município. Assim, o deputado que for contatado estará munido das informações que embasarão a iniciativa de apoio ao município. Além disso, essas informações poderão ser enviadas para gerentes de escolas ou universidades, gerentes do Senac, Senai, Sebrae, entre outros. Ao conversar com essas escolas, informaremos que uma

4º MÓDULO

empresa virá para o município, o que demandará capacitação de mão de obra. Ao divulgar cada passo das ações, esses agentes verão que a cidade está em movimento. Isso significa que temos uma ferramenta importantíssima de divulgação praticamente sem custo. Um bom atendimento, uma foto, um *post* nas redes sociais ou no site da prefeitura, um *release* para o jornal da cidade (se houver) e a propaganda mais eficaz de todas: a palavra do empresário atendido.

Começamos a sonhar com uma unidade do Senac em Salto (SP) em 2010, quando fui assessora de desenvolvimento econômico e fiz contato com o gerente, a pedido do então vice-prefeito e secretário de desenvolvimento, Juvenil Cirelli. Porém, na época, fomos informados de que o Senac não conseguiria fazer tal investimento, pois já existia uma unidade em Itu que poderia atender à demanda.

Entretanto, quando fui secretária municipal, entre 2013 e 2016, com Juvenil Cirelli, que tinha sido eleito prefeito, recebi em meu gabinete o representante do Instituto Solidare, que veio apresentar o projeto educacional que pretendia implantar na cidade. Ele veio falar comigo porque também havia pensado em investir em uma escola de capacitação de mão de obra e citou o Senai. Expliquei-lhe que a cidade já tinha um espaço que oferecia cursos do Senai por meio de uma parceria da Prefeitura Municipal com a Associação das Indústrias. Em seguida, falei sobre nosso interesse em trazer uma escola do Senac e contei que já havíamos tentado fazê-lo, sem sucesso. Iniciamos ali um pacto de lutar por isso. Fiz contato com um representante das Lojas Cem para pedir apoio nesse propósito. Ele prontamente enviou um ofício ao Senac e demos início às negociações. Acompanhei de perto todos os trâmites necessários, inclusive defendendo na Câmara Municipal a aprovação da lei autorizativa para oferecer incentivos. Deixamos a semente plantada e, em 2019, a unidade Senac Salto foi inaugurada oficialmente.

Aproveitar todos os meios de comunicação aos quais se tem acesso é o que pretendemos ensinar aqui. Não deixar tudo nas mãos da equipe de comunicação da prefeitura. Cabe aos profissionais de imprensa da prefeitura fazer a divulgação, porém a realidade é que a maioria das administrações municipais não tem condições de contratar uma equipe especializada em comunicação.

Em 2013, não eram comuns telefones celulares com câmera; os aparelhos ainda estavam começando a incorporar esse recurso. Por isso, em Salto (SP), compramos uma máquina fotográfica para cada departamento. Assim, podiamos fazer os registros com os quais íamos montando o histórico de ações. Observe que aproveitávamos para fazer a divulgação em todos os catorze departamentos sob minha responsabilidade. A Secretaria de Desenvolvimento Econômico criou esse hábito.

Divulgar as novas vagas no Posto de Atendimento ao Trabalhador (PAT) era o mesmo que dizer que a cidade estava recebendo empresas, por isso a abertura de novas vagas. Em todas elas, eu mostrava o papel de protagonismo do prefeito e de vanguarda da pasta de desenvolvimento, visto que meus comunicados sempre incluíam o PDE, e os jornalistas, em busca de pauta, o divulgavam em seus jornais.

O texto que os jornalistas recebiam e replicavam era basicamente o seguinte: "Nós criamos um programa para atração de empresas. Queremos que todos saibam que nosso objetivo é incentivar as novas empresas e as empresas locais a gerarem emprego e renda para nossa população. A nossa gestão não medirá esforços para que isso ocorra."

Mesmo diante das crises e da falta de verbas, um gestor criativo encontra soluções para a prospecção e a divulgação. E eu "fiz barulho". Nas coletivas de imprensa, sempre tinha uma nova empresa, uma projeção de geração de empregos, uma reunião com empresários ou com o setor imo-

> biliário, uma escola de formação para divulgar. Eu disparava *releases* para todos os grupos de WhatsApp, redes de contato, empresas regionais e servidores. Quando se realiza um excelente atendimento, as empresas, além dos jornalistas, fazem uma espécie de marketing, divulgando as novidades para outros empresários e convidando os amigos para investir ou visitar o município.

A essa altura, já temos todas as ferramentas de que necessitamos para garantir o sucesso do PDE. O que denominamos "divulgação e prospecção 2.0" é a aplicação prática de todas as dicas dadas ao longo deste livro. O que queremos é que, ao prospectar empresas, fechar negócios para o município e fazer uma divulgação incansável, o sistema passe a se retroalimentar. Ao seguir essas dicas passo a passo, será dado o primeiro impulso. Os resultados são divulgados, trazem novos investidores, e assim sucessivamente. Por isso é fundamental a "divulgação e prospecção 2.0". Nessa fase e durante todo o processo, é necessário fazer barulho, praticando a comunicação assertiva.

> Foi o que fiz quando fui secretária de desenvolvimento econômico nas cidades de Salto (SP) e Capela do Alto (SP). Entre os anos de 2013 e 2020 só se falava em crise, perda de empresas e emprego, endividamento do município, baixa arrecadação de impostos e pandemia da covid-19. Eu segui as técnicas deste método e o resultado foi a vinda de 110 novas empresas que, juntas, trouxeram para os dois municípios mais de R$ 1 bilhão em investimentos e 8.500 novos empregos. E esses números só tendem a crescer.

COMUNICAÇÃO ASSERTIVA NOS ENCONTROS EMPRESARIAIS

É preciso fazer barulho: a cidade, a região e até o país precisa saber que o seu município está na rota do desenvolvimento, que ele quer e está preparado para receber as empresas. Nesse sentido, os encontros empresariais são uma ótima ferramenta. Do ponto de vista da comunicação assertiva, o encontro oficial de lançamento do PDE do município é a chave, e os demais serão uma consequência natural desse primeiro encontro. Já foram feitas referências a esses encontros diversas vezes neste livro. Esse importante tema leva a algumas questões fundamentais:

- Como os encontros empresariais podem contribuir para a atração de novas empresas?

- Por que esses encontros são importantes para o município?

No processo de divulgação e prospecção (o que chamamos de "vender a cidade", como opção de investimento para as empresas), os encontros empresariais são uma excelente forma de divulgar a cidade, uma eficaz ação de marketing por meio da qual todos vão saber que ela está preparada para receber novas empresas. É por isso que o gestor de desenvolvimento e o prefeito precisam pensar como empreendedores, ser capazes de identificar oportunidades, estabelecer estratégias para atingir um objetivo e tomar iniciativas que resultem no sucesso de um empreendimento.

Por que utilizar essa estratégia? Por meio do encontro empresarial, é possível reunir todos os empresários e atores importantes para o desenvolvimento econômico. Isso vale tanto para as cidades de grande porte quanto para as de médio e pequeno porte. Nos encontros, é possível reunir empresários que já

1º MÓDULO

2º MÓDULO

3º MÓDULO

4º MÓDULO

têm investimento no município e representantes de empresas em fase de prospecção, permitindo a criação de uma rede de contatos.

Você pode dizer que em sua cidade já existem muitas empresas e talvez não haja um espaço adequado para reunir todos os empresários. Nesse caso, você é um privilegiado por ter essa quantidade de empresas em seu município. Sendo assim, faça os encontros por segmento; por exemplo, um encontro empresarial só com as indústrias; um só com o comércio; outro com o setor de serviços. Nesses encontros, é possível obter informações fundamentais, ouvir demandas e sugestões, porém o grande objetivo, nesse momento, é a divulgação do seu plano estratégico de atração de novas empresas. Por que é importante que os empresários se conheçam? Como já dito anteriormente, o empresário está sempre conversando com seus pares, parceiros e fornecedores, todos inseridos no meio empresarial. O encontro empresarial é a grande oportunidade para o prefeito aproximar--se do empresariado e divulgar a cidade, apresentando o plano traçado para atrair novas empresas.

É esse o momento para falar das áreas industriais disponíveis, dos incentivos fiscais e de tudo o que foi preparado para oferecer às empresas que se deseja atrair para o município. Vale ressaltar também o projeto de fortalecimento da economia local, demonstrando que o prefeito não terá olhos apenas para a atração de novas empresas, mas também para o desenvolvimento econômico da região. É preciso anunciar que esse será o primeiro de muitos encontros empresariais e que, nos próximos, além de apresentar as novas empresas que investirão no município, será promovido um encontro de negócios para que todas as empresas já sediadas na cidade possam conhecer possíveis fornecedores locais.

Uma empresa pode necessitar, por exemplo, do serviço de corte a laser mas sequer imaginar que no município há uma empresa que o faça. Ao promover esse tipo de encontro, a prefeitura pode incentivar as empresas da cidade a comprar no município em vez de procurar fornecedores nas cidades vizinhas. Esta é uma das razões importantes para a promoção do encontro: manter o dinheiro no município. Além disso, o evento permite que as empresas percebam o papel fundamental da gestão e da sua pasta no crescimento da economia local e acreditem no discurso da prefeitura de que a economia será estimulada por meio desses encontros e do PDE. Os benefícios dessa ação se estendem à população, visto que, além da geração de emprego e renda, tudo o que é faturado no município vai ajudar a aumentar a arrecadação.

Sabendo da importância de um encontro empresarial, a questão agora é como planejá-lo. Você pode estar pensando: "Eu não tenho experiência, nem minha equipe, que, além disso, é muito pequena". Pois bem, veja a seguir o passo a passo da organização do evento.

PRIMEIRO PASSO:
LISTAR AS EMPRESAS DA CIDADE

Ao fazer o mapeamento e o inventário, são listadas as empresas abertas no município. É possível encontrar esses dados no setor de tributos e nas associações comercial e industrial da cidade. Ao contatar as associações, explique que o seu objetivo é promover encontros empresariais e que, para isso, conta com o apoio e a presença delas. Assim, você demonstra a importância dessas instituições na divulgação do evento e até mesmo na entrega dos convites. Elaboradas as listas das empresas locais

1º MÓDULO

2º MÓDULO

3º MÓDULO

4º MÓDULO

e das empresas interessadas em vir para a cidade, bem como dos agentes de desenvolvimento econômico (políticos, sociais ou institucionais), é hora de escolher o local do encontro.

SEGUNDO PASSO:
ESCOLHA DO LOCAL

Se o município tem um espaço público com infraestrutura adequada para receber um encontro dessa importância, ótimo. Caso contrário, é possível procurar um clube ou um local de eventos privados. Na maioria das vezes, você conseguirá negociar. O clube pode até mesmo propor uma parceria, oferecendo o local sem custo em troca de divulgação. Se ele não fizer a proposta, você mesmo pode apresentá-la. O clube não vai querer ficar de fora, pois o crescimento da cidade terá um impacto positivo na imagem e nos negócios de todos os agentes econômicos locais. Em último caso, por um custo razoável, a prefeitura pode arcar com o aluguel do espaço. Encontrar um local adequado é importante e não é tarefa difícil.

TERCEIRO PASSO:
INFRAESTRUTURA

Em primeiro lugar, o ambiente precisa ser arejado ou ter ar-condicionado, garantindo o conforto das pessoas que passarão várias horas ali. Além disso, o espaço deve ter equipamentos audiovisuais para a apresentação de materiais, como o vídeo institucional. Caso não haja equipamentos, será necessário locá--los. Um *data show*, uma parede branca para projetar imagens e um equipamento de som são fundamentais. Independentemente da quantidade de participantes, mas principalmente diante da previsão de um grande público, a equipe precisa testar todo o equipamento antes do encontro. Se a prefeitura tiver condições, é melhor contratar o serviço de uma empresa para montar toda a estrutura, preparar o local e testar o equipamento de som, pois não é nada agradável ter o microfone chiando durante o encontro.

Pode ser que a prefeitura tenha um setor de cultura com equipamentos de som – cada prefeitura conhece sua capacidade, estrutura e recursos –, mas vale a pena investir em equipamentos adicionais, como um microfone fixo para o púlpito e outro sem fio para uso de pessoas da plateia que queiram falar ou fazer perguntas, facilitando o trabalho da organização e do mestre de cerimônias.

QUARTO PASSO:
CONVITE

Outro passo importante para a organização do encontro é a elaboração do convite. Para o encontro de lançamento, você pode usar o nome do programa: "Programa de desenvolvimento invista em [nome da sua cidade]". Para os demais, pode usar nomes mais informais, como "Café com trabalho", "Café com empresários", "Encontro empresarial", etc. Pense com sua equipe em um nome estratégico, deixando claro que é uma oportunidade para empresários se reunirem e compartilharem experiências. O próprio título já indica a razão do encontro e quem estará lá. Essa é uma excelente forma de convidar.

Os empresários são fundamentais nesse encontro, porém, além deles, lembre-se de convidar as associações de classes empresariais, as entidades parceiras, as empresas que você está prospectando e a mídia local (jornal, rádio, revistas locais e regionais). Se a sua cidade faz parte de uma região metropolitana, é

| 1º MÓDULO |
| 2º MÓDULO |
| 3º MÓDULO |
| **4º MÓDULO** |

importante convidar outros prefeitos da região. Hoje em dia são muito comuns reuniões de prefeitos da mesma região para debater problemas e demandas compartilhados, por isso vale a pena convidá-los. É também oportuno convidar algumas representações políticas do município e do estado. Para esse evento, são convidados empresários e todas as entidades e pessoas que podem se tornar parceiras importantes do seu PDE com foco na atração de empresas.

Vale a pena investir em um convite bonito e com um bom texto: "A Prefeitura de [nome da sua cidade], por meio da Secretaria do Desenvolvimento Econômico, convida todos os empresários do município e da região [...]"; ou: "A Prefeitura de [nome da sua cidade] vem convidá-lo para o Encontro Empresarial [...]". Dessa forma vai, ao mesmo tempo, prospectar outras empresas interessadas em ampliar seus investimentos. Ainda: "Convidamos você para este encontro empresarial no qual apresentaremos nosso programa de desenvolvimento econômico [...]". Ressaltamos a importância da clareza e da objetividade nos convites e encontros.

Este método é fruto da minha experiência e dos meus estudos durante todos esses anos, nos quais organizei encontros empresariais nas cidades onde atuei e ainda atuo. Realizei 27 encontros empresariais, sendo de 20 a 23 apenas em Salto (SP), durante minha gestão como secretária municipal de desenvolvimento econômico (2013-2016). Em seguida, entre 2017 e 2020, na cidade de Capela do Alto (SP), realizei mais dois encontros para falar do PDE e, em 2021, outros dois: um em Sarapuí (SP) e outro em Salto de Pirapora (SP). Com base em minha experiência, digo: é fundamental divulgar o programa de desenvolvimento por meio de encontros empresariais.

QUINTO PASSO:
PREPARAR O ROTEIRO

Mais um aspecto fundamental do encontro empresarial: a preparação do roteiro. Sugerimos que a programação seja colocada no convite. Além disso, deve-se definir bem os horários de início e término, pois o empresário não quer e não pode perder tempo. Se o empresário for ao primeiro encontro e perceber que o horário foi cumprido, quando for convidado para o próximo, saberá que não haverá atrasos e que não será um evento longo e pouco produtivo. Ao receber um novo convite do seu departamento, ele pensará: "Estarei presente! Não vou perder essa oportunidade". Assim, comece e termine nos horários combinados. Não deixe o espírito dos intermináveis encontros políticos tomar conta do seu encontro empresarial. Não misture as coisas, ainda que haja a tradicional fala protocolar do prefeito, do representante do Legislativo e de um ou outro líder de entidade de classe. Concentre-se no encontro empresarial. Um evento dessa importância requer uma manhã inteira de trabalho, então faça valer a pena para o empresário.

Atendi mais de 600 empresas ao longo dos quatro anos em que estive à frente da pasta em Salto (SP). Depois desse encontro de lançamento do PDE, passei a organizar encontros empresariais por segmento. Esses eventos não apenas serviam como plataformas para informar as vantagens de investir em nossa cidade, mas também proporcionavam oportunidades de negócios entre os participantes. Os encontros eram ágeis e agradáveis, e sempre respeitei os horários combinados. Assim, nunca tive dificuldade com o quórum dos eventos.

1º MÓDULO
2º MÓDULO
3º MÓDULO
4º MÓDULO

Sugerimos que a reunião ocorra em horário comercial. Passemos então para a programação.

SEXTO PASSO:
PROGRAMAÇÃO DO ENCONTRO

O exemplo a seguir é uma sugestão para encontros feitos na parte da manhã. Você pode criar sua programação de acordo com as particularidades da sua cidade. Vejamos:

8h – Recepção e *coffee* (café da manhã): reserve mais ou menos uma hora para recepção e *coffee*, durante os quais o empresário poderá conhecer um pouco o espaço e as outras pessoas, trocando cartões de visita. Prepare sua equipe para a recepção. É importante que o empresário, ao chegar, iden-tifique-se na lista de presença, para que você possa convidá-lo para a próxima atividade. Deixe sua equipe recebendo os convidados, dando-lhes atenção e colhendo assinaturas. Haverá uma lista prévia, permitindo que você confira a empresa, o e-mail e o telefone para futuros convites. Esse é o momento de fazer o convidado se sentir acolhido.

9h – Abertura oficial: na programação, defina que às 9 horas ocorrerá a abertura oficial. Oriente sua equipe a acompanhar esse roteiro e avisar os convidados conforme for chegando a hora. Percebendo a circulação de empresários inscritos e que já tenham tomado café, oriente-os a seguir para o auditório, onde em breve ocorrerá a abertura oficial do encontro. Siga conduzindo o evento com a ajuda da equipe e inicie a abertura oficial às 9 horas em ponto.

O que é a abertura oficial de um encontro empresarial pro-movido pela prefeitura? É uma atividade com um mestre de cerimônias ou alguém que tenha experiência em apresentação. Caso não consiga encontrar uma pessoa com esse perfil, prepare alguém de sua equipe que tenha boa leitura e se comunique bem. Em eventos oficiais, a prefeitura costuma tocar o Hino Nacional ou o hino da cidade.

O mestre de cerimônias terá um texto completo, por escrito, em que constará uma fala de boas-vindas e o objetivo do encontro (o mesmo que foi colocado no convite). Ele prosseguirá chamando o nome da pessoa que fará a abertura oficial, seguindo o protocolo: "Sejam todos bem-vindos, estamos aqui reunidos no encontro empresarial para apresentação do nosso programa de desenvolvimento econômico. Convidamos à frente o Sr. [nome da pessoa que fará a abertura] [...]".

Você pode montar uma mesa de cerimonial. Nesse caso, há uma sequência oficial a ser obedecida. As pessoas são chamadas em determinada ordem: o prefeito, o secretário responsável da pasta, o presidente da associação, e assim por diante. É muito importante convidar o presidente da Câmara. Durante a abertura do encontro, o mestre de cerimônias orienta cada um dos oradores sobre o limite de três minutos para suas falas. Mesmo o presidente da Câmara não poderá falar mais tempo do que o determinado pelo cerimonial. Esse é um momento para os empresários conhecerem as lideranças do Executivo e Legislativo, uma aproximação muito importante. O prefeito e os vereadores têm a missão de pensar no bem da cidade, e isso precisa ficar claro nesse momento. Assim, você pode e deve limitar o tempo de fala e orientá-los a se apresentar e se colocar à disposição para ajudar na implantação do projeto. Com muita habilidade, você deve deixar claro que é hora de esquecer as disputas anteriores à eleição e de reunir todos os segmentos e partidos na defesa do

1º MÓDULO

2º MÓDULO

3º MÓDULO

4º MÓDULO

desenvolvimento da cidade. Essa abertura, dependendo do tamanho do evento e da quantidade de pessoas, deve durar meia hora ou, no máximo, 45 minutos. Em seguida, a mesa é desfeita, todos voltam para seus lugares no salão e os trabalhos são iniciados.

Agora que todos já falaram, chegou a sua vez de se pronunciar como responsável pela pasta de desenvolvimento econômico. Esse papel também pode ser representado por um secretário ou, no caso das cidades menores (que, às vezes, não têm secretário municipal), um diretor ou responsável pelo desenvolvimento econômico. Nesse momento, é preciso falar do planejamento, do que foi pensado para o evento e para a cidade nos próximos quatro anos no que diz respeito ao desenvolvimento econômico. Junto com o prefeito em seu rápido discurso, você deve falar de forma resumida do PDE, de como trabalharão para atrair novas empresas e, na sequência, apresentar o vídeo institucional.

Em sua fala, mostre que vocês já contam com o apoio de várias entidades para capacitar os empreendedores, como Senac, Senai, Sebrae e Senar, entre outros parceiros que foram convidados e devem estar presentes. Nesse momento, você os fará perceber que está "vendendo a cidade", que está preparado para recebê-los, que a Secretaria do Desenvolvimento Econômico e toda a sua equipe estarão sempre à disposição das empresas que tenham interesse em se instalar ou ampliar seus investimentos na cidade. Apresente a eles os benefícios que terão ao escolher investir em sua cidade.

Após encerrar sua fala como representante da pasta, convide o prefeito para a fala final. Além da abertura do evento, ele deverá fazer o fechamento, afirmando seu apoio ao planejamento da pasta. Em sua participação, o prefeito deve deixar claro que abrirá espaço especial em sua agenda para atender a todos os empresários interessados em investir na cidade. O empresário que estiver no encontro, ao notar esse interesse do prefeito, acabará agindo como "vendedor externo" da prefeitura ao conversar com empresários de outras cidades. Como já descrito anteriormente, os vendedores internos são a sua equipe e todos os departamentos da prefeitura envolvidos no programa, e os vendedores externos são os próprios empresários da cidade e da região, que foram convencidos da seriedade da pasta de desenvolvimento econômico na gestão do programa.

Em todos esses anos de experiência, tive a oportunidade de atender mais de 800 empresas somente em duas prefeituras em que trabalhei como secretária. No *tête-à-tête* e durante os encontros empresariais, entendi que a maior dificuldade e preocupação do empresariado é a falta de interesse das prefeituras, que, às vezes, fazem pouco caso em ouvi-los.

Esse encontro empresarial é a melhor forma de demonstrar que o prefeito e seu departamento estarão à disposição e darão celeridade ao processo de instalação das empresas no município. Essa é uma das mais importantes estratégias desses eventos, e será o seu diferencial no processo de atração de empresas. Finalmente, nesse primeiro grande encontro para apresentar seu programa aos empresários e à sociedade, é importante reservar um momento para falar diretamente com eles. Até aqui, tivemos a inscrição e o café, a abertura oficial, a fala da secretaria municipal e a fala do prefeito.

11h30 – Perguntas do público: se não houver imprevistos, às 11h30, o mestre de cerimônias poderá abrir espaço para perguntas. Ele explicará que você, os presidentes das organizações de classe e os parceiros poderão responder às questões no ato ou mais tarde, por e-mail. Peça ao mestre de cerimônias que explique as regras: cada empresa terá direito a fazer uma pergunta. Ele pode ser o condutor desse momento de plenária, no qual as empresas fazem perguntas, apresentam reclamações e demandas e dão sugestões. É interessante filmar todo o evento e anotar essas perguntas, assim você terá material para conhecer melhor as necessidades do empresariado interessado em investir na cidade.

12h30 – Encerramento do encontro: o próprio mestre de cerimônias faz o agradecimento em nome do prefeito, conforme o protocolo. Uma dica para esse momento é descontrair um pouco, pedindo que quem gostou do evento levante a mão e perguntando se acham oportuna a realização de novos encontros. Sinta o clima e procure envolvê-los, preparando o terreno para os novos encontros que você irá promover. Na verdade, é hora de começar a preparar o público para os encontros por área ou ramo da economia: indústria, comércio, serviços, etc.

Vou citar um exemplo. Na época em que fui secretária em Salto (SP), no primeiro encontro que fizemos, em 2013, alguns empresários perguntaram sobre a ampliação de Viracopos, o aeroporto que eles ouviram dizer que seria grande e causaria impactos na região. Assim, por meio da prefeitura, conseguimos trazer representantes do aeroporto para apresentar o projeto. Foi um evento muito produtivo, e conseguimos que praticamente todos os presentes voltassem para um novo encontro. Soube que muitas empresas conseguiram fazer contato com o aeroporto e prestar serviço de alimentação, recrutamento de pessoal e obras. O fato é que o poder público pode ter esse olhar. Um prefeito e um secretário de desenvolvimento empreendedores, sempre atentos às oportunidades, podem fazer a diferença ao trazer um evento como esse para sua cidade.

É possível realizar outros encontros empresariais com temas importantes. Por exemplo, sabendo que os bancos liberaram linhas de financiamento para empreendedores, pode-se trazer o responsável de uma entidade bancária para apresentar o programa aos empresários e, no mesmo local, falar com todos. São várias as possibilidades para os encontros empresariais. Em uma gestão de quatro anos, a pasta de desenvolvimento pode preparar vários encontros, a depender da demanda desse primeiro evento. É uma estratégia de marketing, porque as empresas aproveitam todas as oportunidades (as mídias, a televisão e o rádio) para divulgar o seu produto. No encontro empresarial, elas podem colocar um *banner*, fazer a divulgação, falar da marca. Devemos fazer o mesmo com nossa cidade quando se trata do programa de atração de empresas.

Além de realizar os encontros empresariais, o prefeito ou o agente de desenvolvimento podem visitar outros eventos, feiras de negócios, ter contato com outras empresas e futuramente convidá-las para conhecerem a sua cidade como opção de investimento. Quando falamos em "fazer barulho", referimo-nos à comunicação cotidiana de todas as ações, mas, principalmente, a esses grandes eventos nos quais a oportunidade de apresentar o programa de desenvolvimento do município e prospectar empresas é potencializada.

COMUNICAÇÃO ASSERTIVA NO VÍDEO INSTITUCIONAL

O vídeo institucional tem um duplo papel dentro da comunicação assertiva: o primeiro é ser um canal de comunicação rápido, preciso e claro do PDE, a ser disponibilizado nos sites oficiais e apresentado nas reuniões com as equipes interna e externa, os empresários locais e os investidores que procuram o município. O segundo é ser o ponto alto dos encontros oficiais, aquele momento em que todos param para prestar atenção na mensagem. É uma peça importantíssima na divulgação das leis de incentivo, dos recursos disponíveis, da disposição da gestão em atender pessoalmente cada empresário ou agente econômico que quiser investir no município. Em outras palavras, ele vai mostrar ao mundo a "mina de ouro" da cidade.

Vamos compartilhar a seguir o passo a passo da criação do vídeo institucional, da elaboração do roteiro ao trabalho de edição, a fim de encurtar o seu caminho. Você pode estar pensando: "Eu não tenho equipe de filmagem, não entendo nada de mídia e não tenho recursos. Como fazer algo com tantas exigências e com qualidade?". Você se lembra, então, de um amigo que entende um pouco do assunto e pensa em pedir ajuda a ele. Não caia em tentação! É imprescindível contratar um profissional com competência técnica. E por que é tão importante um trabalho profissional na preparação e montagem do vídeo institucional?

No programa de atração de empresas para o município, é preciso imaginar a cidade como um produto. Quando uma empresa deseja divulgar um produto, precisa fazer uma ação planejada para que ele chegue ao mercado (consumidor final) com uma imagem perfeita e fiel ao seu propósito de satisfação da necessidade do cliente. Para atrair empresas para o município, adotamos a mesma metodologia.

Vamos imaginar que a sua cidade é um produto a ser oferecido para as empresas, que precisam ser convencidas de que esta é a melhor opção para investir. Nesse caso, é preciso demonstrar que as necessidades de expansão ou instalação das empresas, bem como de crescimento dos lucros, serão satisfeitas se elas comprarem o seu produto (a cidade). Assim, é imprescindível fazer uma excelente apresentação do município, reunindo os pontos fortes e as razões pelas quais as empresas devem escolhê-lo para investir.

Para demonstrar que uma cidade é competitiva e promissora, a ação de marketing é fundamental, sendo o vídeo institucional uma ferramenta muito importante. Hoje existem profissionais que trabalham apenas com vídeos institucionais, além de agências de publicidade. O mais importante é a contratação de um profissional e a produção de um roteiro básico com as informações da cidade para que ele possa trabalhar de forma eficaz.

Certamente o prefeito, o gestor de desenvolvimento econômico e sua equipe conhecem a cidade como ninguém. Afinal, além de viverem ali, já fizeram o mapeamento/inventário, o diagnóstico e o prognóstico, elaboraram as diretrizes e projetos, encontraram a "mina de ouro", etc. Todas essas informações poderão ser transformadas em roteiro, facilitando o trabalho do profissional.

A duração ideal para o vídeo é de três a quatro minutos e meio, mas é fundamental que ele não ultrapasse cinco minutos, para não tomar muito tempo do empresário. O vídeo deve conter todas as informações importantes sobre o município, além de servir como uma ferramenta de divulgação e base para outras

1º MÓDULO

2º MÓDULO

3º MÓDULO

4º MÓDULO

peças de sua comunicação assertiva: *folders* com informações do município para distribuir no primeiro encontro empresarial, em uma feira de negócios ou em uma visita institucional (encontro de prefeitos, deputados); e um portfólio mais completo, a ser distribuído para as empresas que serão atendidas. As informações do *folder* e do portfólio poderão ser utilizadas na produção do roteiro do vídeo institucional.

A apresentação do texto do roteiro para o vídeo deve começar com as boas-vindas. Quem assiste precisa se sentir acolhido, como se fosse uma conversa ou, ainda, como se estivesse sendo convidado para conhecer a sua casa – afinal, a cidade é a sua casa. Então, comece com uma narração vibrante: "Seja bem-vindo à nossa cidade! Temos imensa alegria em receber você e sua empresa. Você vai se surpreender com as medidas que tomamos para preparar nossa cidade, que tem um povo disposto a acolher [...]".

Em um vídeo que fizemos para uma cidade onde atuei, colocamos uma frase que ouvíamos muito dos populares e dos empresários: "Olha, o povo daqui é um povo bom e trabalhador". Procure saber se em sua cidade há alguma expressão interessante que mostre a índole do povo e seja fácil de recordar. Escolha também um bom locutor, afinal, ele será a voz da cidade.

Enquanto a narração aponta as vantagens, as belezas e as ações promovidas pela gestão municipal para receber os empresários e investidores, o vídeo deve trazer algumas imagens dos pontos fortes da cidade, tudo que seja interessante apresentar para a empresa. Primeiro, deve mostrar a cidade como um todo e depois, por partes. O mapeamento e o diagnóstico são fundamentais para destacar os pontos fortes da cidade.

Como você apresentará a cidade para empresários de todo o Brasil, é importante trazer informações que a localizem geograficamente. Por exemplo: "A cidade pertence à região metropolitana de [nome da região], possui [características], está próxima de [nome da capital ou de uma grande cidade do interior] [...]", etc. O vídeo certamente chegará a outras regiões, por isso indique as indústrias presentes não apenas em sua cidade, mas em toda a região. Destaque o ponto forte da região e, na sequência, fale um pouco sobre a economia da cidade.

Veja uma amostra do texto que usamos em Capela do Alto (SP): "Na economia, a agropecuária é o ponto mais forte do município, com destaque para o cultivo de milho e a criação de suínos [...]". Faça o mesmo em seu município. O importante é destacar e caracterizar a economia do município e da região. No exemplo da cidade de Salto (SP): "Salto é uma cidade industrial que abriga várias empresas do segmento químico, metalúrgico [...]". Assim, procuramos demonstrar as vantagens que esse perfil econômico poderia representar para as empresas interessadas em investir na cidade.

Do meio para o fim do vídeo, procure reforçar o convite para as empresas, afinal, o objetivo é convidá-las a investir no município. Exemplo: "Queremos que você venha para nossa cidade; ela oferece uma excelente oportunidade para investir e para viver. Aqui você encontrará áreas disponíveis, com boa localização e fácil acesso aos grandes centros econômicos [...]".

1º MÓDULO

2º MÓDULO

3º MÓDULO

4º MÓDULO

Caso seu município seja pequeno e não tenha condições de receber grandes empresas, destaque sua capacidade para receber pequenas e médias empresas e valorize as iniciativas empreendedoras. Na gestão de desenvolvimento econômico, vemos muitos gestores querendo atrair grandes empresas para suas cidades sem dispor da infraestrutura necessária. É preciso ser realista e verificar o potencial da pequena empresa no seu município e em toda a região, além de valorizar as empresas que já atuam na cidade. O bom gestor precisa valorizar todas as iniciativas empreendedoras. Mostre que sua cidade é ótima para viver. Geralmente, isso atrai proprietários de micro, pequenas, médias e até grandes empresas. Mesmo que a cidade seja pequena, o vídeo deve destacar seus pontos fortes, por exemplo, a localização. Indique que ela está próxima de rodovias, mostrando imagens dessas vias enquanto o locutor as descreve.

No vídeo de Capela do Alto (SP), mostramos do alto, por meio de drones, as rodovias Castello Branco e Raposo Tavares. Destacamos que a distância entre a cidade e os grandes centros econômicos de São Paulo, bem como de alguns dos aeroportos mais importantes do estado, era de 100 km a pouco mais de 300 km.

Lembre-se também de colocar legendas em inglês e espanhol no vídeo. Pode acontecer de o representante de uma empresa estrangeira encaminhar o vídeo para a sede ou as unidades de outros países. Por isso, é importante informar no vídeo as distâncias do aeroporto internacional para viagens, bem como para exportação e importação. Além disso, divulgue, se houver, informações sobre recursos hídricos, leis de incentivo fiscal, serviços disponíveis (hotéis, restaurantes, escolas, áreas de lazer, condições de moradia, internet, água, energia, telecomunicações), tudo que possa facilitar a vida dos executivos, dos profissionais especializados e da gerência. Muito embora a condição para oferta de incentivos fiscais sejam as contrapartidas na geração de emprego para a população local, as empresas sempre trazem seu pessoal de confiança. Tome o cuidado de mostrar a preocupação da cidade com a proteção ao meio ambiente, assim as empresas especializadas nessa área também poderão ser atraídas.

No vídeo, um destaque importante deve ser dado à mão de obra disponível. Se a cidade tem vocação para ser industrial, já temos mão de obra formada e qualificada. Caso contrário, mostre que existe predisposição para capacitá-la. Explique que a prefeitura não faz nada sozinha, enfatizando as parcerias com as entidades especializadas, como as empresas do Sistema S: Senai, que capacita mão de obra voltada para a indústria; Sebrae, que capacita os empreendedores e dá apoio às micro, pequenas e médias empresas; Senar, que cuida da agricultura, etc. Muitas cidades contam com escolas técnicas (Etecs) e institutos federais. Caso eles não existam em seu município ou nos municípios próximos, deixe claro no vídeo que serão estabelecidas parcerias para apoiar as empresas.

As informações colhidas sobre o setor imobiliário, serviços de terraplanagem e materiais de construção devem aparecer no vídeo como destaques, bem como a disposição do prefeito e da pasta em atender pessoalmente, com equipe capacitada, os interessados em investir no município. É importante que o vídeo institucional seja fechado com a fala do prefeito. A gravação pode ser feita no próprio gabinete.

1º MÓDULO	
2º MÓDULO	
3º MÓDULO	
4º MÓDULO	

Com o vídeo institucional, as orientações para a prospecção e divulgação estão completas. Mais do que isso, se você chegou até aqui, acabou de concluir o método Acelera Pólis, que contribuiu e continua sendo útil para o desenvolvimento econômico de várias cidades.

REFERÊNCIAS

A CASA. Intérprete: Vinicius de Moraes. Compositores: S. Bardotti e V. Moraes. *In*: Vinicius canta "Nossa filha Gabriela". Intérprete: Vinicius de Moraes. [*S. l.*]: Polydor, 1972. 1 LP, faixa 1.

AGÊNCIA PAULISTA DE PROMOÇÃO DE INVESTIMENTOS E COMPETITIVIDADE (INVESTSP). Página inicial. **InvestSP**, [*s. d.*]. Disponível em: https://www. investe.sp.gov.br/. Acesso em: 25 out. 2023.

BRASIL. **Lei nº 8.666, de 21 de junho de 1993**. Regulamenta o art. 37, inciso XXI, da Constituição Federal, institui normas para licitações e contratos da Administração Pública e dá outras providências. Brasília, DF: Presidência da República; Secretaria-Geral, 2018. Disponível em: https://www.planalto.gov. br/ccivil_03/leis/l8666cons.htm. Acesso em: 6 nov. 2023.

DEPOIMENTO | MC Donald's | Eliana Moreira. [*S. l.; s. n.*], 2018. 1 vídeo (6 min). Publicado pelo canal **Eliana Moreira**. Disponível em: https://www.youtube. com/watch?v=sQQWZebvqiA. Acesso em: 8 nov. 2023.

INSTITUTO BRASILEIRO DE GEOGRAFIA E ESTATÍSTICA (IBGE). IBGE Cidades e Estados do Brasil. **IBGE**, [*s. d.*]. Disponível em: https://cidades.ibge.gov.br/. Acesso em: 31 mar. 2025.

MARCONDES, José Sergio. Política, norma e procedimento: o que é? Conceitos e diferenças. **Blog Gestão de Segurança Privada**, 2018. Disponível em: https:// gestaodesegurancaprivada.com.br/politica-normae-procedimento-o-que-e/. Acesso em: 25 out. 2023.

MOTIVANDO TODOS PARA A QUALIDADE – ALFREDO ROCHA. [*S. l.: s. n.*], 1994. 1 vídeo (16 min). Publicado pelo canal **Mathias França**. Disponível em: https://www.youtube.com/watch?v=-btpMOHaRoE. Acesso em: 26 out. 2023.

PROJECT MANAGEMENT INSTITUTE (PMI). **Guia PMBOK®**: um guia do conhecimento em gerenciamento de projetos. 5. ed. Pennsylvania: PMI, 2013.

PROJECT MANAGEMENT INSTITUTE (PMI). **Guia PMBOK®**: um guia do conhecimento em gerenciamento de projetos. 6. ed. Pennsylvania: PMI, 2017.

SERVIÇO BRASILEIRO DE APOIO ÀS MICRO E PEQUENAS EMPRESAS (SEBRAE). Use a matriz F.O.F.A. para melhorar a empresa. Sebrae, 2015. Disponível em: https://sebrae.com.br/sites/PortalSebrae/artigos/use-a-matriz-fofa-para-corrigir-deficiencias-e-melhorar-a-empresa,9cd2798be83ea410VgnVCM2000003c74010aRCRD. Acesso em: 8 dez. 2023.